本书由中国旅游研究院博士后文库项目
资助出版

旅游消费券的政策实施效果
及其影响机制研究
——基于消费者视角

张秋实 著

中国旅游出版社

摘　要

　　为了应对金融危机带来的挑战，我国政府出台了一系列宏观经济调控措施和经济刺激计划，其中扩大内需，特别是扩大消费需求成为政策重点之一。旅游消费券的发放，正是在这种背景下被众多地方政府视为刺激内需、拉动消费、促进经济增长的有效工具。早在2009年，我国多地政府及旅游部门积极响应经济复苏的号召，纷纷推出旅游消费券这一创新举措，旨在刺激内需、提振旅游业，应对全球金融危机带来的冲击。自2020年后，中央开始鼓励地方政府通过发放消费券的方式来促进消费复苏，我国迎来了新一轮大规模发放旅游消费券的热潮。这次的旅游消费券政策效果如何，是否能够有效提振大众的旅游信心并拉动旅游市场消费？因此，以理性的方法、多元的视角探究旅游消费券的政策带来的效果、为后续政策制定提供科学依据，成为当前旅游界亟待解决的重要课题。

　　基于消费者的视角，消费者对旅游消费券的使用意愿即为旅游消费券的政策实施效果的重要表征。本书基于微观经济学和行为决策理论，对旅游消费券相关研究的理论基础和模型进行回顾和评述，结合我国各地政府旅游消费券的发放情况的分析，通过定性研究明确和筛选出影响旅游消费券使用意愿的重要因素，从而构建了旅游消费券使用意愿影响机理的理论模型；根据文献综述和深度访谈，开发衡量旅游消费券使用意愿及其影响因素的量表，然后通过大规模的问卷调查获得样本数据；数据分析可得我国目前旅游消费券政策实施效果现状，利用SPSS和AMOS分析得到旅游消费券使用意愿在个体特征上的差异，检验了政策感知因素、个人感知因素、情境因素和习惯因素对旅游消费券使用意愿的作用路径；最后根据以上结论提出科学合理、有针对性的政策建议。

本书的主要结论为：（1）现有消费者对旅游消费券的发放政策满意度较低。近两成领取者未核销消费券，且仅约四成使用者对其体验过程表示满意，优惠力度、消费券数量和使用时间限制被视为影响使用的首要因素。（2）旅游消费券使用意愿在人口统计学特征、旅游方式特征以及旅游消费特征上均有显著差异。（3）使用可信度、经济价值、领取便利性和核销便利性四个政策感知因素直接作用于旅游消费券使用意愿，同时也可通过个人感知因素（个体规范、主观规范、知觉行为控制）间接作用于旅游消费券使用意愿。（4）情境因素（环境水平、服务质量）和习惯因素（舒适偏好、过去行为）可以调节个人感知因素作用于旅游消费券使用意愿的过程。

本书的创新点集中在以下两个方面：（1）内容创新。现有研究大多集中在宏观层面，却鲜有关注到微观主体的行为响应，尤其是消费者的个体决策及其对未来经济政策的心理预期。大量实证研究已经证实，微观主体的预期行为对经济政策执行效果具有不可忽视的重要影响。鉴于旅游消费券政策的核心目标群体正是广大消费者，因此，从消费者的角度深入探究旅游消费券政策的实施效果，无疑能够提供更为直接且贴切的理解途径。（2）方法创新。本书采取定性研究与定量研究相结合的方式，力图全方位、多角度地探索旅游消费券的选择规律以及其实际运行效果。这种方法论上的突破，有助于从微观经济学的视角出发，更加细致入微地揭示和剖析旅游消费券在个体消费者层面的应用规律，为未来旅游消费券的相关研究提供新的研究范式和理论支撑。

关键词：旅游消费券；扎根理论；结构方程模型；消费者视角

Abstract

In response to the economic downward pressure caused by the financial crisis, the Chinese government has introduced a series of macroeconomic control measures and economic stimulus plans. Among which, the measure expanding domestic demand, especially consumer demand, has become one of the policy priorities. It is in this context that the issuance of tourism consumption vouchers is regarded by many local governments as an effective tool to stimulate domestic demand, stimulate consumption and promote economic growth. As early as 2009, many governments and tourism departments in China actively responded to the call for economic recovery, and introduced the innovative measure of tourism consumption vouchers, aimed at stimulating domestic demand, boosting tourism, and coping with the impact of the global financial crisis. However, the response to this policy from all walks of life shows a varies significant, and the evaluation can be described as the evaluation is mixed, and even triggered a dispute in some groups. Since the outbreak of the epidemic, the central government has begun to encourage local governments to promote consumption recovery by issuing consumer vouchers, and China has ushered in a new wave of large-scale issuance of tourism consumer vouchers. What is the effect of the tourism consumption voucher policy this time? Can it effectively boost the public's confidence in tourism and stimulate the tourism market consumption? Therefore, it has become an important issue to be solved urgently in the current tourism industry to examine tourism consumption vouchers in a rational way and from multiple perspectives to provide scientific basis for subsequent policy formulation.

From the perspective of consumers, the willingness to use tourism consumption vouchers is an important representation of the implementation effect of tourism consumption vouchers. Based on microeconomics and behavioral decision theory, this study reviewed and commented on the theoretical basis and model of tourism consumption voucher related research, combined with the analysis of the issuance of tourism consumption vouchers by local governments in China, identified and screened the important factors affecting the intention to use tourism consumption vouchers through qualitative research, and thus built a theoretical model of the influence mechanism of the intention to use tourism consumption vouchers. Based on literature review and inquiry interview, a scale was developed to measure the willingness to use travel vouchers and its influencing factors, and sample data were obtained through large-scale questionnaire survey. Data analysis can obtain the current implementation effect of China's tourism consumption voucher policy. SPSS and AMOS are used to analyze the differences in individual characteristics of the use intention of tourism consumption voucher, and the effect path of policy perception factors, personal perception factors, situational factors and habit factors on the use intention of tourism consumption voucher is tested. Finally,

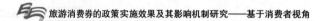

according to the above conclusions, a scientific, reasonable and targeted policy suggestion is put forward.

The main conclusions of this study are as follows: (1) Existing consumers have low satisfaction with the issuance policy of tourism consumption vouchers. Nearly 20% of the recipients did not cancel the consumption coupons, and only about 40% of the users were satisfied with the experience process, and the preferential intensity, the number of consumption coupons and the use time limit were regarded as the primary factors affecting the use. (2) There are significant differences in the intention to use travel vouchers in terms of demographic characteristics, travel mode characteristics and tourism consumption characteristics. (3) The four policy perception factors of trustworthiness, economic value, convenience of receiving and convenience of cancellation directly affect the intention of using tourism consumption vouchers, and also indirectly affect the intention of using tourism consumption vouchers through personal perception factors (individual norms, subjective norms and perceived behavior control). (4) Situational factors (environmental level, service quality) and habit factors (comfort preference, past behavior) can regulate the process of personal perception factors affecting the intention to use travel vouchers.

The innovation of this research focuses on the following two aspects: (1) Content innovation. Most of the existing studies focus on the macro level, but little attention is paid to the behavioral responses of micro subjects, especially the individual decisions of consumers and their psychological expectations of future economic policies. A large number of empirical studies have confirmed that the expected behavior of micro–entities has an important influence on the implementation effect of economic policies. In view of the core target group of tourism consumption voucher policy is the vast number of consumers, therefore, from the perspective of consumers to deeply explore the implementation effect of tourism consumption voucher policy, undoubtedly can provide a more direct and appropriate way to understand. (2) Method innovation. This study combines qualitative research with quantitative research, and tries to explore the selection rule of tourism consumption voucher and its actual operation effect in an all–round and multi–angle way. This methodological breakthrough helps the research to reveal and analyze the application law of tourism consumption vouchers at the level of individual consumers in a more subtle way from the perspective of microeconomics, and provides a new research paradigm and theoretical support for future research on tourism consumption vouchers.

Key words:Tourism consumption voucher; Grounded theory; Structural equation model; Consumer perspective

目 录

第一章

绪　论

1.1 研究背景

1.1.1 宏观经济调控与危机应对：定向刺激消费、促进内需的手段

随着全球经济环境的复杂多变以及各种不确定因素的增多，各国政府在宏观经济调控与危机应对中寻求更灵活的政策工具，以期有效地刺激消费、提振内需，从而维护经济稳健增长。在此背景下，消费券作为一种精准调控的财政政策手段，引起了广泛的关注和应用。自2008年全球金融危机爆发以来，国内学界对"消费券"这一政策措施的关注度日渐提升。自2009年起，在应对金融危机以提振消费的策略中，发放旅游消费券作为一种定向刺激措施被引入并迅速成为我国业界与学术界热烈讨论与研究的焦点议题。在经济转型和消费升级的背景下，消费的回暖

需要政策的引导，对于快速复苏的旅游行业来说，发放旅游消费券是扩大旅游消费内需的重要方式。不同于其他形式具有"帮扶"性质的消费券，旅游消费券更多用来在短期内激活大众的消费需求，启动与旅游密切相关的大量小额消费，推动经济复苏。2019 年年底，全国各地为推动经济发展，陆续出台了一系列提振消费的措施，从 2020 年 3 月开始，中央政府指导和支持各地方政府采用发放消费券的方式，以期加速消费市场的恢复。据商务部统计数据，至 2020 年 5 月 8 日，全国共有 28 个省份以及超过 170 个地级城市参与了这一行动，总计发放消费券价值超过 190 亿元人民币，这标志着我国实施了一次大规模且积极主动地利用消费券政策推动产业发展的尝试。其中，有 69% 的城市选择了具有行业定向属性的消费券发放方式，主要定向极度依赖线下消费场景且现金流快速循环以确保其日常运营顺利的行业。旅游消费券是全国各地政府高度重视并积极采用的政策工具之一，所覆盖的定向行业包含餐饮和文化旅游等（林毅夫、沈艳和孙昂，2020）。

1.1.2 旅游产业提振与市场升级：促进旅游产业发展与转型的推手

文化和旅游部数据中心的数据显示，2020 年清明节、劳动节、国庆节期间国内旅游人数分别是 2019 年的 38.6%、59.0%、50.8%。旅游收入随游客量的减少同步大幅度缩水，众多旅游企业、酒店、旅行社、景区门票收入以及其他旅游相关商品和服务的销售收入遭受重创，2020 年清明节、劳动节、国庆节的国内旅游收入分别是 2019 年的 17.2%、40.4% 和 31.2%。为了市场提振，政府开始针对特定区域或产业精准投放旅游消费券。就旅游单一产业而言，消费券在住宿、交通、餐饮、购物、娱乐等多个旅游消费环节的使用，有利于撬动整个旅游产业链条的复苏，对上游的旅游资源开发到下游的旅游产品销售，均有提振作用，可以帮助产业链各环节的企业恢复盈利能力和市场活力。同时，旅游产业中行业融合与业态拓展成为趋势，如企业趋于开发"民宿＋教育""旅游＋体育""旅游＋康养"等复合型旅游产品，以满足不同游客群体的需求。旅游消费券的发放策略反映了政府对行业融合和业态拓展的倾向性。通过支持"酒店＋景点＋演艺"的套餐服务和组合产品，文旅消费券鼓励旅游企业研发和推出更多跨界融合的旅游产品与服务，推动不同行业间资源共享和联动发展。政府致力于通过政策倾斜和市场培育，促进旅游产业内部以及与相关行业的深度融合，催生和壮大新型旅游业态，为旅游产业的转型升级注入动力。

1.1.3 社会政策导向与福利普惠：助力实现更广泛的民生福利提升

新时代的大众旅游消费者行为和需求均发生了变化，人们更加关注健康、安全、私密和高品质的旅游体验。旅游产品和服务亟须从传统的观光旅游形态向户外休闲、生态旅游、自驾游、亲子游、定制游等多元、分散、个性化的旅游形态转变。鉴于以上情况，越来越多的消费者选择短途旅行和周末周边游，发掘和享受本地及周边地区的旅游资源。在经济转型期和个人财务安全意识提高的背景下，消费者对待旅游消费的态度更加谨慎、更看重性价比，同时也希望旅游消费能带来更多的身心放松和精神愉悦。政府通过发放旅游消费券扶持，引导消费者参与更高质量、更具有特色的旅游产品和服务，鼓励乡村旅游、夜间旅游、文化体验游、亲子旅游等新型业态的发展。同时，社会政策导向强调公平性和普惠性，大部分的旅游消费券的设计和发放都考虑到尽量覆盖不同收入水平和社会群体，让所有消费者都有机会参与旅游活动，提升生活品质，促进社会公平。有些地方的旅游消费券发放政策与弘扬民族文化、保护生态环境等主题活动相结合，通过鼓励游客参观文化遗址、自然保护区等，推动当地的文化传承和生态文明建设。

1.1.4 数字经济赋能与高效治理：探索政企合作、数字治理新模式

政府在旅游数字化转型的过程中，积极扮演引导者、协调者和服务者的角色，努力通过一系列政策措施，切实帮助旅游企业适应变革，实现自身数字化升级，推动旅游持续繁荣和高质量发展。以往线下为主的订票、购票、导游解说、酒店入住等一系列传统服务模式正逐步转变为线上化、智能化的操作方式。线上预订系统使得游客无须线下操作即可完成行程规划和支付，大大提高了旅游预订的效率；电子票务系统的普及有效减少纸质票务带来的不便和环境污染，同时也为景区、场馆提供了便捷高效的管理模式。面对这样的变革，政府和企业亟须加强自身的数字化基础设施建设和创新能力，打造一体化的线上服务平台，全面提升线上服务能力，包括但不限于预订咨询、产品销售、售后服务等各环节。在数字化变革深入推进，政府积极引领并支持这一转型过程。当前，针对数字化旅游服务，文化和旅游部、国家标准化管理委员会等各相关单位均制定了相应的国家标准或行业标准，例如，《旅游电子合同管理与服务规范》《旅游景区数字化应用规范》，以规范市场秩序，促进行业健康发展。具体到旅游消费券的政策实施，各地政府与大型互联网企业、金融机构以及旅游服务提供商紧密合作，共同策划和实施旅游消费券项目，实现资源共享、优势互补，有力地推动了旅游行业的数字化进程。政府也不再局限于传统的实体消费券发放，而是充分利用线上平台实现旅游消费券的数字化发放和核销，增强对消费行为的追踪分析能力，强

化对旅游消费券发放和使用的监督机制，防止欺诈行为的发生，保证政策资金的安全和有效使用。政府实现经济政策工具的现代化和智能化应用，以更好地服务于旅游经济的复苏与升级。

1.2 研究目的与意义

1.2.1 研究目的

2022 年 12 月，中共中央、国务院印发《扩大内需战略规划纲要（2022—2035 年）》提出，要积极发展服务消费，要扩大文化和旅游消费，并在文化产业体系、文化市场体系、文化创意产品开发、度假休闲游发展等方面画了重点。可见，我国迫切希望改进文化和旅游消费内需现状，想要为文旅行业复苏注入强心针，同时文旅行业又具有产业带动能力强、消费能力强等特点，是各地政府发放消费券的主要定向行业。这与很多地方正在推行的智慧旅游、旅游产品创新等旅游供给侧改革相辅相成，是各级部门进行需求侧管理必不可少的政策工具。在此背景下，本书顺应新时期对扩大文化和旅游消费的战略要求，从国情和现象出发，以探讨旅游消费券需求侧的效用及其影响机制为研究目标，不断丰富旅游消费券的理论研究视角，为政府部门制定和优化旅游消费券政策提供了坚实的理论基础和实践依据。

1.2.2 研究意义

1.2.2.1 理论意义

旅游消费券作为一种由我国地方政府为激活消费需求、提振旅游经济而自主创设的新政策工具，近年来得到了广泛的应用和实践。然而，由于其发放周期相对较短，且往往伴随着特定的社会经济背景，目前关于旅游消费券效用的研究仍存在一定局限性。尽管媒体对此类政策给予了高度关注，但大部分报道和讨论都只基于直观感受和案例分析，尚未深入量化研究层面。在现有的学术研究成果中，尽管有关旅游消费券的探讨较多，但多数仍停留在定性描述和逻辑推理阶段，针对旅游消费券在需求侧的实际使用意愿，以及它通过何种机制影响消费者的旅游意愿和消费行为等问题，采用严谨的定量分析方法进行深入研究的文献相对较少。这在一定程度上制约了我们对旅游消费券进行全面、深入的理解，也影响了对其效用最大化策略的设计和实施。

本书的重要性在于，能够丰富和完善旅游消费券领域的理论体系，从需求侧视角出发，探究旅游消费券的政策实施效果及其影响机制，引入多元统计和经济学理论，能够更准确地提升旅游消费券刺激旅游消费的实际效能，并揭示其内在的运行机制，为我国各级政府在未来设计、优化和执行消费券政策时提供更扎实的理论依据和实证参考。通过对旅游消费券效用的深入挖掘和精准衡量，有利于更有效地发挥这一政策工具的杠杆作用，进而推动旅游产业乃至整体经济的稳健复苏与发展。

1.2.2.2 现实意义

文旅消费券作为刺激内需、恢复文化旅游市场活力的重要政策手段，在全国各地依然保持着较高的热度和广泛应用。然而，尽管文旅消费券发放活动频繁，但在后续的使用者回访调查与效果评估环节，工作还存在一定的不足之处。目前，尚未形成系统的问题清单和详尽的调查报告，群众反馈机制并不健全，导致政策实施的闭环管理存在疏漏，这在很大程度上削弱了政策执行的精准度和针对性。为了弥补这一短板，有必要开展更为深入和细致的跟踪调查研究，深入了解消费者对于旅游消费券政策的认知程度、参与热情以及使用后的满意度。通过访谈、问卷调查等多种途径，真实反映大众对旅游消费券领取、使用过程中遇到的难点和痛点，以此为基础，全面评估当前旅游消费券的发放成效，并对政策加以科学合理的调整优化。

通过对旅游消费券效用影响因素的深入探讨，包括消费券面额设定、发放对象选择、使用期限安排、配套活动设计等各个维度，本书可以揭示出哪些因素对旅游消费券刺激消费的作用最关键。这对于今后旅游消费券的科学设计与合理发放具有重要的指导意义，有助于政策制定者更好地发挥消费券的短期刺激效应和长期结构调整功能。既能有效拉动文化旅游市场的消费需求，带动相关产业发展，又能在社会层面上增强民众的获得感和幸福感，从而实现经济效益和社会效益的双重提升。

1.3 研究内容与方法

1.3.1 研究内容

本书基于微观经济学、行为经济学等基本理论，通过深度质性研究方法，准确界定和评估旅游消费券的效用维度，并筛选出决定其效用的关键影响因子，进而搭建旅游消费券效用影响机制的理论框架；基于广泛的文献回顾和专业咨询意见，设计一套用于衡量旅游消费券效用及其相关影响因素的量化量表，并通过大规模问卷调查收集实证数据；借助所获取的调查数据，系统揭示我国消费者对旅游消费券的认知程度和实际应用状况。进一步通过严谨的量化数据分析，探究旅游消费券效用在不同个体特征间的差异表现，并验证各个影响因素如何作用于旅游消费券效用的具体路径，据此完善并优化旅游消费券效用影响机制的理论模型。综合上述研究成果，提出具有针对性和操作性的政策建议，以期有效提升旅游消费券政策实施效果，助力旅游行业的健康发展。

1.3.2 研究方法

本书拟采用定性研究和定量研究相结合的综合性分析方法。

鉴于当前关于旅游消费券效用影响机制的研究尚处于起步阶段，缺乏完备的理论体系和成熟的参照模式，本书首先决定运用质性研究方法，对旅游消费券效用的影响因素展开深入探索。通过这种方法旨在挖掘并理解旅游消费券在实际应用中可能涉及的各种潜在影响因素，为构建和完善旅游消费券效用影响机制提供了基础性理论依据。结合行为经济学等理论，从更深层次解释和预测影响旅游消费券效用的理论模型和路径假设。同时，通过半结构式深度访谈获取丰富的第一手资料，深入了解旅游消费者对旅游消费券的认知、接受程度及使用过程中的实际体验，有助于挖掘出可能被忽视的影响因素及其作用机制。

管理科学是融合了自然科学和社会科学特质的综合性学科领域，很多理论和假说的论证说明都是建立在充分模型化的基础上，因此想要研究旅游消费券效用及其影响因素需综合运用定性研究与定量研究相结合的方法。接着在对理论假设进行实证检验时，采用了多元化的量化研究方法，包括描述性统计分析，以直观展示数据的基本分布特征；因素分析，用于提炼关键影响因素和结构维度；信度和效度检验，确保研究工具的可靠性和有效性；相关回归分析，探索变量间的关系强度和方向；结构方程模型分析，用于验证和估计潜变量之间的复杂因果关联结构；以及方差分析，比较不同组别间的均值差异，探寻旅游消费券效用在不同条件下的变异情况。通过这些统计分析手段，力求全方位、多层次地剖析旅游消费券效用的影响机制及其内在规律。

1.3.3 研究思路与技术路线

本书研究内容均围绕旅游消费券这一核心理念展开，研究技术路线如图 1.1 所示。

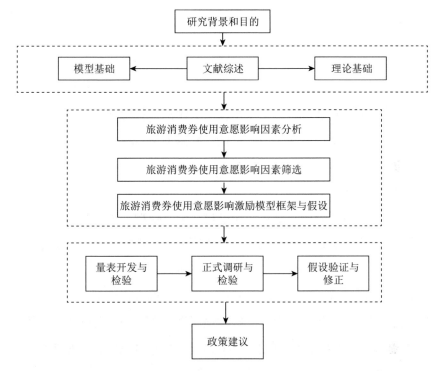

图 1.1 研究技术路线

第一、第二章为背景和理论分析。从研究背景出发，对国内外相关研究现状进行了全面梳理和综述，进而基于微观经济学、社会心理学、行为经济学以及行为决策理论等一系列基础理论，介绍其派生出的基本原理的关联性。结合理论综述，探讨和分析旅游消费券研究的基本理论，包括概念和起源以及刺激消费的原理。通过对理论的深入剖析和交叉应用，有助于构建更为全面且精细的旅游消费券效用评估框架。

第三章为现状分析。将梳理我国在 2020 年后的最新批次消费券的发放背景、政策支撑和相关体系的运作特征，简要分析建设旅游消费券的效用路径，并分析旅游消费券政策在实际应用中存在的问题。

第四、第五章为量表和模型开发。在对旅游消费券相关基本理论探讨和质性分析的基础上，开发影响旅游消费券实施效果的因素量表，进而构建了一个整合旅游消费券影响因素及其内在作用机制的模型，并在此基础上提出了系列对应的研究假设。接下来，针对这些理论假设，精心设计了严谨的实证检验方案与步骤。采用描述性统计分析技术，解析样本群体在人口统计属性、旅游特性、旅游消费特性和旅游消费券使用意向等方面的数据分布和交叉关联，以此初步揭示我国当前旅游消费券政策的实际执行效果。

第六章为结果分析和修正。通过建立回归模型来进一步探究并验证各项因素对旅游消费券实施效果的具体影响及其作用机制。对测量工具进行细致的质量控制，采用探索性因子分析以提炼潜在变量结构，验证性因子分析以确认所提假设的有效性。借助结构方程模型，对影响旅游消费券使用意愿的相关因素及其影响强度进行深入的回归分析。运用方差分析法（ANOVA）揭示游客的人口统计学特征和旅游特性在各个影响因素层面存在的差异性，并对呈现出显著差异的因素并进一步实施事后多重比较检验。

第七、第八章为结论和建议。依据以上的系统性分析与实证探究表明，旅游消费券政策在我国已显示出刺激旅游消费和推动旅游市场恢复的效果，但其效果受到诸多因素的影响，如旅游者的年龄、收入水平、旅游频次、消费习惯以及消费券的设计细节（如面值大小、有效期、兑换条件等），针对目前我国旅游消费券的政策实施提出对策建议。

1.4 本章小结

本章集中论述了旅游消费券的理论基础与现实背景，明确了研究的问题焦点，详细阐述了研究的具体内容及创新点，并系统地规划了研究的总体思路与采用的方法路径。首先，阐明本书的选题背景，在宏观经济、产业振兴、政策导向和数字赋能等背景分析的基础上，有助于了解旅游消费券产生的时代背景和实际需求。其次，明确研究目的和意义，指出当前旅游消费券在实践应用中面临的问题、挑战或机遇，从而确立研究问题的重要性与紧迫性。最后，剖析研究的主要内容和方法，勾勒出研究的逻辑思路和层次结构，说明各章节的内容安排，从理论建构、实证分析到结论归纳，形成一条完整的研究路径。

第二章

理论基础与文献综述

作为一种特殊形式的信用凭证，在当前刺激旅游消费、拉动内需的政策背景下，旅游消费券成为研究的新焦点。目前，国内外均重视消费券作为刺激旅游经济、激活消费需求的有效政策工具，围绕其设计、实施效果、市场反应等方面展开了大量研究，尤其关注消费券对旅游及相关产业的提振作用。但现有的研究尚缺乏对旅游消费券效果的需求端追踪，以及对其边际效应递减、公平性、执行成本等问题的深入探究。研究旅游消费券，首先需要明确其基本概念及相关的知识基础，界定旅游消费券的概念。基于微观经济学和行为决策理论，本章对旅游消费券相关研究的理论基础和模型进行回顾和评述，为构建旅游消费券的政策实施效果及其影响机制研究框架提供了理论支撑。

2.1 相关概念界定

2.1.1 消费券的起源与内涵

国外的消费券实践源于"大萧条"时期，当时包括美国、英国、法国、德国和日本等在内的资本主义国家都遭遇了严重的经济危机。为了降低居高不下的失业率，提振持续低迷的经济态势，各国开始尝试以"券"而非现金的形式来补贴居民的基本生活消费。不过那时候发放消费券更多层面上是救济底层群众，直接替代现金的"代金券"或者"粮票"，而非刺激消费，在加速货币流通和促进产业复苏方面的能力有限。对政策性消费券的研究对象主要可以分为在经济衰退期针对特定人群发放的消费券和专门针对贫困人口、在平常时期和衰退期都会发放的食品券两类。

国外有关消费券的文献目前有 625 篇，1984—2022 年国外消费券研究文献量年度分布见图 2.1，研究领域多为食品、教育、邮政服务和航空服务等方面，研究的内容主要集中在消费券的发放、消费券的经济和社会效应、消费券的特点、消费券的面值等方面。国外有关消费券的研究文献主要来源于 *Journal of Retailing*、*Journal of Marketing Research*、*Marketing Science*、*Psychology Marketing*、*Journal of Advertising Business Research*、*Journal of Retailing and Consumer Services* 等 20 多个期刊上。

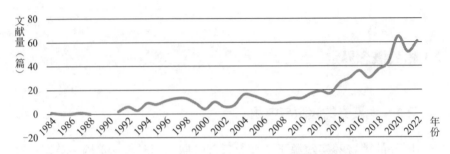

图 2.1　1984—2022 年国外消费券研究文献量年度分布

其中，最早有关消费券的学术性表述源自诺贝尔经济学奖获得者米尔顿·弗里德曼教授在 1955 年提出的教育券理念。弗里德曼在其论文《政府在教育中的作用》中首次阐述了教育券的概念，这一开创性的提议意在改革教育经费分配机制，通过给予学生家长一种类似于代金券的凭证，让家庭有权选择适合自己子女的教育机构，而不是将教育资金直接注入公立学校系统。这一理念旨在打破教育领域的垄断，引入市场竞争机制，提高教育质量和效率，同时也赋予了家长更大的教育选择权（王德林，2007）。在他的后续著作《资本主义与自由》（1962 年）和《自由选择》（1980 年）中，弗里德曼继续深化和完善了教育券的理念，将其融入了更广泛的经济自由和社会政策讨论中，主张通过减少政府对市场的直接干预，推动资源的市场化配置，实现社会福利和经济效益的优化。教育券的提出和推广被视为弗里德曼倡导的自由市场经济理念在教育领域的具体应用，实际上为后来消费券的各种形式奠定了理论基础。

尽管弗里德曼并未明确提出一个严格的消费券定义，但后续学者如马克·布劳格等人对消费券进行了分类和界定，指出消费券既可以是有固定面值且只能兑换特定服务的凭证，也可以是没有明确限额、按费用或收入比例兑换的服务券（Mark，1982）。而尼古拉斯·巴尔则从福利社会角度出发，强调消费券的资金来源于公共部门，而消费选择权仍保留在私人手中（Nicholas，1998）。更契合如今时代背景的定义则是来自丹尼尔斯和特雷比尔科克，他们认为消费券本质上是一种"限制性需求侧补贴"，即公共资金通过跟随消费者而非直接流向供应商，从而刺激供应方的竞争和增强需求方的选择权，以提高公共产品和服务的供给效率（Trebilcock and Daniels，2015）。这与我国在 2009 年财务部、商务部联合制发的《关于规范地方政府消费券发放使用管理的指导意见》中对消费券的定义不谋而合，其中消费券定义为政府预算中安排的、用于兑换商品或服务的有价支付凭证，并明确了其用途、期限等限定性特点，突出了公共性与消费性本质。

近十五年来，我国学者研究关于消费券的期刊论文有 1140 篇（核心论文 180 篇），学位论文 53 篇，会议论文 23 篇。从各年度文献发表的数量看，国内最早有关消费券研究始于 1999 年，初始研究阶段发文量在 4 篇以下。之后，消费券研究发文数量的增多与当期相关国家政策和各地消费券的发布基本上同步，消费券研究发文数量明显受到政策导向的影响，1999—2022 年国内消费券研究文献量年度分布见图 2.2。可见，消费券研究具有显著的时事和政策导向性。研究领域主要集中在旅游消费券、教育消费券和购物消费券，研究内容多集中在消费券的经济效益、消费券的发放策略以及消费券的效用分析等方面。

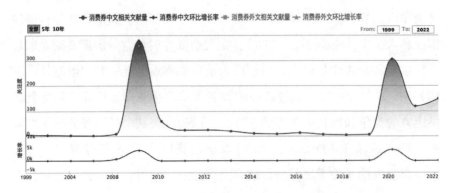

图 2.2 1999—2022 年国内消费券研究文献量年度分布

在经济学和社会政策研究领域，国内的多位学者对消费券给出了各自的定义，从不同视角解析了消费券的本质与功能。以杨科为代表的学者认为消费券是一种准货币形式的存在，它们具有一定的流通性和支付功能，能够被用于购买消费品，但不同于普通货币，消费券在使用时存在特定的时间、空间、对象和范围限制，并且通常不允许兑换成现金。这类消费券的主要作用在于定向刺激消费、支持特定行业或特定地区的经济活动（杨科，2006；林素钢，2009；常伟，2009；张旭昆、姚蕾，2010）。另外，以郭亚军和曹卓（2009）为代表的一批研究者则将消费券定义为一种由政府、企事业单位或其他经济实体发放给消费者的抵扣凭证，消费者可以凭此凭证在指定的场所购买特定的商品或享受特定服务，获得相应的折扣或补贴。此类定义强调消费券在提振内需、促进经济复苏、优化资源配置等方面的重要作用。

纵观国内外的研究，消费券作为一种特殊的支付工具，其核心内涵体现在三个关键特性上：一是公共性，即资金来源于公共财政，用于满足公共利益；二是限定性，即消费券有明确的使用范围和时效限制；三是消费性，即主要用于消费领域，增强消费者的自主选择权，促使市场更好地适应和满足消费者需求，进而提升公共服务效能。消费券概念的兴起和发展，是对福利社会中公共服务提供方式的一种创新和改革尝试，旨在通过市场化机制优化资源配置，提高公共服务质量与效率。

2.1.2 旅游消费券的内涵与产生

旅游消费券是我国地方政府在面对经济危机或特殊情况时，为刺激本地旅游经济、提振消费需求而自主探索出来的一项创新型政策措施。这一举措最初源于 2008 年全球金融危机期间，多个地方城市如杭州、南京等率先推出，通过向居民或游客发放旅游消费券，旨在提高居民出游意愿，促进旅游及相关产业的消费增长。但是，目前学术界对消费券尤其是旅游消费券的研究，相较于其他经济现象而言，显得较为有限。自 2009 年至 2022 年，知网上有关旅游消费券的文献总数仅有 75 篇，且一半以上的研究出现在 2009 年，2009—2022 年国内旅游消费券研究文献量年度分布见图 2.3。学术界对消费券特别是旅游消费券的研究相较于其他经济现象较为有限，这可能是因为消费券作为一种临时性、局部性的经济刺激工具，其实施和影响具有较强的时效性和地域性，并且涉及的学科领域广泛，包括经济学、社会学、市场营销学、旅游学等多个方面。此外，旅游消费券作为政府或企业应对特定经济环境（如经济危机、突发事件等）推出的政策工具，其设计、实施和效果评估都需要紧密结合实际情况，因此研究难度相对较大，需要大量的实证数据和精细的模型分析。

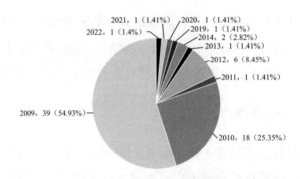

图 2.3　2009—2022 年国内旅游消费券研究文献量年度分布

作为一种政策工具，旅游消费券旨在通过财政补贴来刺激旅游市场需求（蔡继明，2009；梁楠楠等，2010；汪侠，2012）。当居民或者游客获得这类券时，他们可以在指定的旅游产品和服务上使用，如酒店住宿、景区门票、交通和餐饮等，从而在一定程度上面向特定群体或全体居民提供财政补贴，减轻他们的旅游消费负担，激发消费潜力，促进旅游及相关产业的发展（王德刚和王娟，2020）。在中国，旅游消费券的发放通常由政府主导，目的是在特定时期（如节假日、旅游淡季等）提升旅游市场的活跃度，或是提振经济，在遭受自然灾害或经济下行压力时，通过促进旅游业的发展来带动整体经济增长（王典典，2010；林毅夫、沈艳和孙昂，2020）。旅游消费券的设计和发放需要考虑多方面因素，如券的面值、适用范围、领取条件、使用期限等，以确保政策效果的最大化。同时，为了保证政策的公平性和有效性，防止出现市场扭曲，政府会与旅游企业协同合作，确保消费券得到合理使用，并达到预期效果。学者们普遍认为，旅游消费券的成功实施不仅要求政策设计的科学合理性，还需要与市场机制、消费者需求及旅游企业运营紧密结合，通过精细化管理和大数据技术，实现精准投放和有效追踪，确保政策实施的成本效益比最高（王淑娟，2009；王维玲等，2010；林毅夫、沈艳和孙昂，2020）。此外，也有学者提醒要注意旅游消费券可能带来的负面效应，如资源错配、市场挤出效应以及对长期旅游消费习惯的潜在影响等，强调政策实施应与长效机制建设相辅相成，确保旅游产业健康、可持续发展（胡卫华，2009；王跃武，2012）。综合国内学者的研究，旅游消费券被定义为：由政府或旅游企业为促进旅游消费、提振旅游经济而发行的一种具有限定用途、时间限制且不可兑换现金的支付凭证，通过向消费者提供优惠或补贴，以激活旅游市场内需，实现旅游经济的短期或中长期发展目标。

学术界对旅游消费券效用的研究确实颇为关注，但文献较多集中于定性分析，探讨旅游消费券对旅游市场、消费者行为、旅游企业以及宏观经济的影响等方面，如其对旅游需求的刺激作用、对旅游消费结构的调整效应、对旅游目的地知名度和品牌形象的提升效果，以及在特定经济环境下对经济复苏的促进作用等（曹灿明，2010；孟茹和任中峰，2010；薛佳，2010；李雪丽和臧德霞，2010；李梅志，2010）。具体而言，王莹和杨晋（2010）通过实地调研和数据分析，系统梳理了我国若干主要旅游省市在旅游消费券发放过程中的具体做法、覆盖范围、发放规模以及使用规则等特点。在定量研究方面有一些初步的实证分析，这些学者主要通过调查问卷采用频率分析、频次统计、因子分析、信度检验和单因素方差分析等多种统计学方法，对影响旅游消费的各项政策性因素进行深度挖掘和综合整理（薛群慧、包亚芳和白鸥，2010；王莹和杨晋，2012）。但是系统、全面地运用统计模型、经济计量模型等定量方法来深入探究旅游消费券效用的具体影响因素，如发放规模、发放方式、覆盖范围、消费券面额、使用门槛、消费券的二次流通性等如何影响其最终效用的研究还有待进一步深化和完善。尤其在因果关系识别、效应量大小估计、边际效应分析以及政策持久性等方面，定量研究的空间和需求都非常大。

2.1.3 旅游消费券的效用评估

根据消费券的经济效益，我国学者对消费券政策的态度可划分为三大派别：一是支持派，认为消费券政策通过乘数效应等方式能够带来很好的经济效应（郎贤萍和汪侠，2012；李雪丽和臧德霞，2010）；二是质疑派，认为消费券仅具有短期效应、治标不治本，对经济的拉动不明显或者没有作用（叶建华，2009；段炳德，2010）；三是中立派，认为消费券在特定的领域可以起到作用（曾燕、康俊卿和王一君，2022）。但是大多数的学者对于旅游消费券的态度比较积极，认为在注意发放渠道以及合作方式的情况下，旅游消费券的发放有利于社会的长期发展。

国内最早关注旅游消费券效用的研究始于 2009 年。浙江工商大学的王莹及其团队对旅游消费券的效用进行了研究，总结出影响旅游消费券效用的四个主要原因：旅游消费券的供求关系，旅游消费券抵价测算，旅游消费券政策的信息发布，旅游消费券使用期限设置（王莹等，2009）。西北大学经济管理学院的郭亚军等人则是运用行为经济学相关的理论对旅游消费券的实际效用进行了理论分析。郭亚军和曹卓（2009）的研究表明旅游消费存在与国民收入水平相关的参考点，当消费者自身的经济水平或预期收益达不到参考点，旅游消费券就会被弃用或者倒卖。同时，旅游景点存在不定的风险因素、旅游消费券在具体的使用过程中限制多、领取方式烦琐等也会影响消费券的效用。在旅游消费券效用研究方面，最具有代表性和影响力的学者是南京大学的汪侠老师以及其团队。汪侠教授和他的团队于 2012 年关于旅游消费券效用分析的课题获得教育部青年基金项目立项。其研究表明，影响旅游消费券效用的因素是多方面的，其中经济价值的影响最大。

2.2 理论基础

2.2.1 学科理论

2.2.1.1 微观经济学理论

新古典经济学构建的消费者行为理论是理解消费者行为的核心基石，其基于理性人假设，认为消费者在面对商品和服务选择时，会依据自身的效用函数，在既定的偏好、商品价格和收入约束下，作出效用最大化的决策（高鸿业，2018）。这一理论框架通过分析消费者从购买、消费、评价直至再次购买的完整消费循环，试图揭示个体消费者如何在市场环境中做出最佳选择。然而，在微观经济学的范畴内，虽然经典的不对称信息理论、交易成本理论以及博弈论等经济学原理同样适用于解释消费者的购买行为，但在具体的旅游消费行为研究中，新古典消费者行为理论的严格假设条件往往难以完全切合实际（李政军，2020）。旅游活动本身的特性决定了旅游者的消费决策远比一般消费品更为复杂和多元。旅游活动的目的不仅是满足基本生活需求，更多的是追求精神愉悦、文化体验和生活质量的提升。因此，旅游者的决策过程会受到诸如目的地形象、文化认同、情感诉求、社交动机、个性化需求等多种因素的交织影响。另外，旅游活动常常伴随较高的不确定性和偶发性，旅游者在消费券使用判断和决策过程中不仅要考虑经济成本和收益，还要顾及风险、时间价值、信息获取成本等诸多变量。这就意味着，如果仅依靠传统的消费者行为理论来解释和预测旅游者的消费券使用意愿，很可能会忽视众多影响旅游者决策的真实情境因素，从而限制了理论对现实问题的解释力和指导性。总之，旅游消费券研究需要超越新古典消费者行为理论的传统边界，充分考虑旅游活动的独特性与复杂性，引入更多元化的理论视角和实证方法，才能更准确地揭示旅游消费券使用意愿的内在机理，并为旅游政策制定、旅游企业管理以及旅游市场健康发展提供更具有针对性的理论支持。

2.2.1.2 社会心理学理论

在经济学的经典理论中，消费者行为通常被描绘为理性且计算周详的过程，消费者依据自身效用最大化的原则，在清晰了解所有相关信息的基础上作出购买决策。然而，社会心理学的视角却揭示了一个更为复杂的现实图景，它强调了个体在社会环境中的心理状态与行为选择的紧密关联。旅游消费券的使用意愿也不例外，他们的决定不仅局限于理性计算，还深受社会规范、风俗习惯以及人际关系网络的影响。在社会心理学的框架下，旅游消费券的使用意愿是个体在特定社会语境中展现出来的特质，其行为选择受到来自家人、朋友及其他社会群体的观念、价值观和期望的深刻影响。计划行为理论（Theory of Planned Behavior，TPB）是对此类行为解读的关键工具之一。该理论由著名心理学家伊扎克·阿吉森（Icek Ajzen）于 1991 年提出，指出行为意愿是决定人们实际行动的最直接动力，而行为意愿的形成则取决于三个关键的心理变量：态度感知（对某种行为的态度或信念），主观规范感知（感受到的社会压力或期望），以及知觉行为控制感知（个体对自己能否执行某项行为的判断）。尽管计划行为理论在预测和解释旅游者行为方面取得了显著成效，但它并不完备。这一理论在探讨个体行为意愿时，主要集中于内在心理状态的影响，而对其他外部环境因素，例如，政策法规、市场条件、信息不对称等客观条件的关注不足。因此，想要全面地从消费者的角度理解旅游消费券使用意愿的复杂性，还需结合其他理论模型，如认知失调理论以及情境理论等，从多元视角出发，综合考察旅游者在社会情境中如何在各种社会、文化和心理因素交错作用下做出消费券使用决策。只有这样,才能为旅游管理部门、旅游企业和研究人员提供更为立体、全面的认识基础,以利于制定更贴近实际、更富有效果的旅游消费券政策和管理策略。

2.2.1.3 行为经济学理论

行为经济学作为一个交叉学科,巧妙地融合了行为分析理论、心理学原理与主流经济学的核心思想,通过实验手段和实地调查等多元化研究方法,收集大量真实世界的数据,深入剖析了非理性因素在个体行为决策过程中的重要作用及其具体表现(黄祖辉与胡豹,2003)。相较于经典经济学中完全理性、利益最大化假设的消费者模型,行为经济学立足于现实,引入了人性的复杂性和心理动机的影响,它承认并着重研究人类行为的有限理性、认知偏差及情绪驱动等特点。在旅游经济学领域,行为经济学的独特价值尤为凸显。传统经济学往往假设消费者的偏好和行为具有同质性,但旅游者的决策过程远比这复杂多变。旅游者的出行选择和消费模式都深深地植根于其内心深处的心理需求和动机,如寻求快乐、归属感、自我实现等多层次的需求。行为经济学突破了单纯的成本—收益分析框架,更加关注个体在面对旅游决策时体现的个性化和差异化心理感知因素,如社会比较、身份象征、风险规避等非经济性考量。此外,行为经济学还揭示了时间贴现效应对个体跨期选择的重要影响。人们在做长远规划时往往会系统性地低估未来行为与当下决策间的矛盾,表现为对未来行为的预期与实际行为之间存在显著差异。旅游者在面临诸如储蓄与即时消费、长期旅行计划与短期娱乐活动的选择时,可能会表现出强烈的即时满足倾向,即所谓的"双曲贴现"现象,这也能够解释为何部分旅游者倾向即时享乐而忽视了这些行为可能引发的长期影响,如过度消费、不文明行为、忽视健康安全等。综上所述,行为经济学以其独特的视角和严谨的方法论，为理解和预测旅游者的行为偏好提供了新的理论基础和分析工具，有助于我们更准确地把握旅游市场的动态变化，优化旅游产品设计，提高旅游政策的科学性和针对性，进而推动旅游业的健康发展。

2.2.1.4 行为决策理论

阿莱斯悖论和埃尔斯伯格悖论揭示了理性决策理论在解释现实人类行为时面临的挑战与局限性。这两个著名的悖论问题显示，即使在理想的假设条件下，完全理性的经济人在面对决策时也未必会按照纯粹的数学优化原则行事，纳什均衡这一经济学理想模型在现实生活中的适用性受到质疑。这是因为在现实中的决策者在面对复杂且充满不确定性的决策环境时，其行为选择常常受到心理认知、情感波动、信息处理限制等非理性因素的影响，导致其决策行为偏离了理论预测的轨迹。行为决策理论正是在这样的背景下应运而生，它融合了认知心理学的精髓，主张个体在进行决策时，不仅受限于自身有限的认知能力，无法全面知晓所有可能选项的效用和后果，而且还会受到心理和社会因素的深层次制约。因此，行为决策者并非机械地追求绝对意义上的"最优"解决方案，而是趋向于寻找一种"相对满意"的替代方案，这一过程难免会产生认知偏差和感知误差。在行为决策理论的视野中，行为主体的心理机制扮演着举足轻重的角色。诸如态度、情感、信念、预期以及个人的价值观等主观心理因素，会在很大程度上塑造和影响决策者的偏好结构与决策行为。与此同时，外部环境因素，诸如社会舆论的压力、群体共识的影响、社会期望的导向等，也会对个体的决策及其行为模式施加不容忽视的约束和塑造作用（宋奇，2010）。

2.2.2 理论模型

2.2.2.1 理性人假设相关理论

（1）理性行为理论模型

Fishbein 和 Ajzen 于 1975 年提出的理性行为理论（Theory of Reasoned Action，TRA）在认知行为研究领域占据着极其重要的地位，其理论框架简洁明了，具有强大的行为预测能力，模型见图 2.4。TRA 理论的基本前提是，个体在行动前会经过理性的思考和分析，基于自身的态度（对某一行为结果的积极或消极评价）和主观规范（认为重要他人如何看待自己执行该行为）来决定是否采取某一特定行为。换言之，该理论认为行为人是理性的决策者，他们会在深思熟虑后，根据行为可能带来的结果和他人对自己的期望来选择最佳的行为方案。在旅游研究领域，TRA 理论同样发挥了关键作用，帮助我们理解旅游者在做出旅游决策时，是如何受到自身态度和主观规范（如家人、朋友或社会群体的期待）的影响。TRA 理论认为，个体的行为意愿（Behavioral Intention，BI）主要受到两个重要因素的影响，即态度（Attitude towards the Behavior，AB）和主观规范（Subjective Norms，SN）。具体来说，行为意愿被预测为态度和主观规范的函数，可以用以下方程式表达：

$$BI=（AB）\omega_1+（SN）\omega_2$$

可见，TRA 理论表达了个体在采取某种行为之前，首先，会对这一行为形成一种内在的态度，即对行为结果的好坏、正负价值的评价；其次，也会受到周围社会环境和重要他人的影响，形成主观规范，即对行为的社会接受度和期待值的感知。因此，个体是否会采取某一特定行为，关键在于其对应的行为意愿，而这一意愿又直接受到行为态度和主观规范的共同影响（于丹等，2008）。

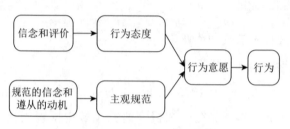

图 2.4　理性行为理论模型

（2）计划行为理论模型

Ajzen（1991）在前人研究的基础上，进一步发展和完善了理性行为理论，提出了经典计划行为理论（Theory of Planned Behavior，TPB），模型见图 2.5。相比于 TRA，TPB 增加知觉行为控制这一关键要素，使得理论框架更加全面和细致。在 TPB 中，个体的行为意愿不仅受到行为态度（对特定行为的内在好感或反感）和主观规范（对重要他人或社会期望的感知压力）的影响，还受到知觉行为控制（个体对完成特定行为可能性的主观判断）的显著影响。行为态度决定个体对某一行为的内心倾向，主观规范则反映个体在社会群体压力下的顺应意愿，而知觉行为控制则关乎个体在面临内外部条件约束时，对自身实施特定行为能力的信心。当这三个因素均处于积极状态时，个体采取该行为的意愿会显著增强；反之，当这些因素消极时，行为意愿则会减弱。此外，TPB 还引入"凸显信念"这一概念，认为在不同的时间和情境中，个体在诸多行为信念中只会关注和采纳一部分最为突出或关键的信念，这些突显信念对行为态度、主观规范和知觉行为控制的形成具有决定性作用，也对预测和解释个体在不同情境下的行为选择具有重要意义。总之，计划行为理论（TPB）重点强调主观心理因素在个体行为决策过程中的主导作用，但对于客观环境因素如何影响个体行为，以及如何与主观心理因素相互作用，仍需进一步探讨和研究。

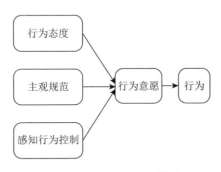

图 2.5　计划行为理论模型

（3）技术接受理论模型

技术接受模型（Technology Acceptance Model，TAM）是由弗雷德·D.戴维斯（Fred D. Davis）于 1989 年提出，广泛应用于信息技术领域，用来预测和解释用户接纳新技术的意愿和行为的心理学模型，见图2.6。TAM 的核心观点是，用户对新技术的接受和使用意愿主要取决于两个关键心理变量：感知有用性（Perceived Usefulness，PU）和感知易用性（Perceived Ease of Use，PEU）。感知有用性指的是用户认为该技术对其工作绩效、生活质量或者其他相关任务的完成有多大的帮助；感知易用性则是用户觉得该技术有多么容易学习和使用。这两个核心变量直接影响用户的接受态度和行为意愿，最终转化为实际的使用行为。此外，TAM 还考虑了外部变量（如系统特性、个体差异、社会影响等）对感知有用性和易用性的影响。旅游消费券作为一种新型的刺激旅游经济、推动消费需求的政策工具，其有效实施依赖消费者的接受和使用。TAM 模型中的"感知有用性"和"感知易用性"可以用来探究消费者如何看待旅游消费券对其旅游决策、消费满意度及节省成本等方面的效用，以及分析消费者对领取、验证、抵扣等环节的技术便捷性评价，以及这些体验如何影响他们的使用意愿。TAM 模型关注从消费者的态度到实际采纳行为的过程，这对于研究旅游消费券的转化效果至关重要。通过分析消费者对消费券的心理预期与其实际使用行为之间的关系，可为政策制定者优化消费券设计、提高使用率提供依据。

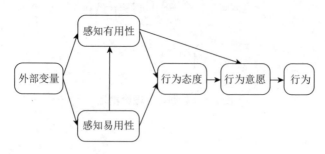

图 2.6　技术接受理论模型

2.2.2.2 社会人假设相关理论

（1）人际行为理论模型

Triandis 和 Harry 于 1979 年联合提出的人际行为理论（Theory of Interpersonal Behavior，TIB）更加贴切个体在现实中的所处情况，在社会人假设的基础之上，揭示了个体行为并非仅源于内在动机这一单一驱动力，而是深深根植于复杂的社会环境、不易察觉的个体习惯及不可控的外在情境等多元因素的交织互动之中，模型见图 2.7。TIB 在继承和发展理性人假设关于意愿决定行为的传统观点的同时，进一步纳入并深化了社会因素、情感状态、习惯及促进性条件等多元影响元素。在社会因素层面，它具体划分为规范、角色和自我概念三大维度，其中规范代表社会对个体行为的期待与要求，角色反映个体在特定群体中的定位和职责，而自我概念则是个体对自身存在、特性和价值的认知评价。尽

管 TPB 模型等理论已在解释旅游者的特定积极行为上显示出较强的应用
效力，但它们尚未充分探讨情感因素的作用。近年来，诸多跨心理学和
人文地理学的研究者如余真真与田浩（2017）、Chen（2016）、Gibson
（2016）以及 Tam（2019）等人通过实证分析揭示了情感因素对旅游者
环保行为的积极推动作用，从而证明情感因素是对 TIB 乃至 TPB 理论
框架的重要补充内容。此外，该理论还特别关注到习惯对行为形成的持
久影响力，即过去的行动越频繁，对某一特定行为的无意识重复倾向就
越强烈（Miller，2015），这进一步强化了行为人特定行为模式的固化。
当前，人际行为理论已广泛应用于个体的分享行为（谭春辉与王一君，
2020）和低碳生产行为（沈雪等，2018）等领域，但在旅游者消费行为
研究方面的实证运用相对有限，仍具有较大的拓展空间。

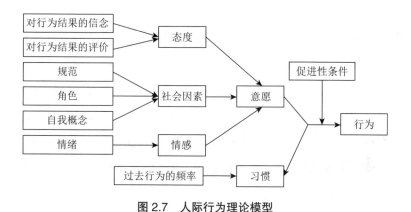

图 2.7　人际行为理论模型

（2）价值观—态度—行为层次理论模型

Vinson 等人在 1977 年的研究中，综合了心理学和消费者行为学的
理论基础，创造性地构建了一套价值观—态度系统的模型。这个模型着
重剖析了价值观如何作为深层的心理构架影响个体的态度及随后的行为

选择。在此基础上，Fulton 等人于 1996 年进一步发展这一理论，构建了从价值观最终导向个人行为的价值观—态度—行为层次理论模型（Value-Attitude-Behavior，VAB）。该模型清晰地勾勒出一个从价值观底层逐层向上延伸至行为表征的认知层级结构，深入探究价值观作为一种深层次心理变量如何通过一系列中介环节最终导向行为发生的内在机制（Fulton et al.，1996；Vaske & Donnelly，1999）。在 VAB 模型中，个体的心理历程被描绘成从稳定的底层价值观出发，经过中间的情感和认知处理阶段，即态度的形成，进而发展到最高层的行为意图，并最终落实为具体的行动表现，模型见图 2.8。各层次之间的变量并非孤立运作，而是存在相互影响，这种影响的程度随着层级间的距离增加而递减，即距离最近的两层因素之间的影响最为直接和显著，随着层级间的跨越，影响力的强度则相应减弱。VAB 理论强调，价值观作为个体内心深处的信念基石，具有相对稳定和数量有限的特点，它通过塑造和指导个体的态度体系，间接影响着其对外部世界的反应和行为选择。与此同时，行为意图和实际行为由于受到瞬息万变的情境因素制约，呈现出较高的多样性和不确定性。尽管如此，价值观始终扮演着决定行为的根本性角色，个体的外在行为表现虽然多变，其背后的内在驱动力却是相对恒定的价值观体系。据此，理解个体的价值观对于预测和引导其行为具有重要的理论和实践意义。

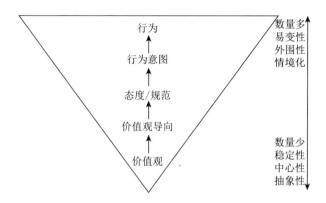

图 2.8　价值观—态度—行为层次理论模型

（3）规范激活理论模型

Schwartz 教授在 1977 年的研究中，借助社会心理学的深厚底蕴，提出了一种旨在解析助人行为背后动因的规范激活理论模型（Norm Activation Model，NAM），见图 2.9。该模型揭示助人行为的核心驱动力来源于个体的内在价值观念体系，并通过几个关键的中间变量来促进和解释人们为何以及何时倾向于实施利他行为。在 NAM 模型中，结果意识占据首要地位，指的是个体对于自己是否执行助人行为及其可能带来的后果的深刻认识。当结果意识增强时，个体更容易感知到实施助人行为的社会规范并将其内化为自己的行动准则。此外，责任归属同样起着关键作用，它关乎个体愿意承担不作为或消极应对所可能产生的负面后果的程度。当个体的责任归属意识越强，他们就越有可能主动采取积极的助人行为。个人规范，则是在 NAM 中体现个体内心秩序和道德标准的重要组成部分，它是实施特定行为的内在预期和自我要求。遵循个人规范不仅会引发正面情绪体验，如自豪与自尊；反之，违反这些规范则可能导致自我否定或产生罪恶感。

图 2.9 规范激活理论模型

（4）态度—情境—行为理论

基于内在因素与外部环境相互交织作用的理论体系，Guagnano 等（1995）探究居民垃圾分类回收行为时，提出态度—情境—行为（Attitude–Context–Behavior，ACB）理论，致力于提升对个体环保行为预测与解读的精准度。该理论明确指出，个体的具体行为（B）并非仅由其内在态度（A）单方面决定，而是由态度与外部情境条件（C）两者间复杂的互动关系共同塑造，理论示意见图 2.10。其中，外部情境条件涵盖了一系列环境要素，包括物理环境条件、配套设施设备和社会政策制度等。ACB 理论强调，当外部情境因素较弱甚至近乎不存在时，个体的行为与其态度之间存在紧密的关联性；然而，当外部情境条件变得极为有利或不利时，情境因素将对行为产生显著影响，从而降低行为对态度的依赖性，并直接左右行为的发生与否。ACB 理论生动地展现态度与外部环境条件对个体行为影响的相互依存与动态平衡特性，有效解决了以往研究中态度变量对行为影响稳定性不足的问题（岳婷，2014）。这一理论揭示了在理解和预测游客行为时，不能忽视内外部因素的耦合效应。

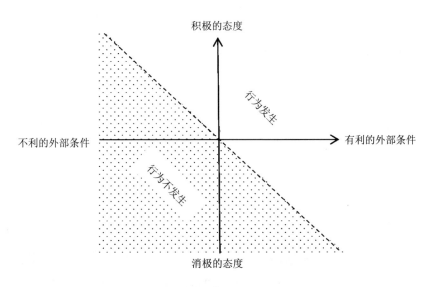

图 2.10 态度—情境—行为理论示意

2.2.2.3 理论整合

Lindenberg 和 Steg 于 2007 年共同创立的目标框架理论（Goal-framing Theory）主张，个体在进行决策时，其行为动机往往是多元、并发且相互作用的。该理论识别出目前主导行为意愿的三种基本焦点目标：一是获取目标（Gain Goal），它体现了个体追求和保护资源的内在驱动力，使行为主体对物质财富、社会地位等各类资源的增减变化保持高度警觉；二是规范目标（Norm Goal），它强调遵循社会规则和期望的重要性，使得行为主体关注自身的言行是否符合社会规范和道德标准；三是享乐目标（Hedonic Goal），它体现个体追求快乐和满足感的动力源泉，促使行为主体不断寻找和提升生活中的愉悦体验。目标框架理论认为这三个行为目标通常不是孤立存在的，而是作为一个整体，共同作用于个体的行为表达。它们分别与已有行为理论中的不同理念相对应：在以追求目标为导向并遵循理性人假设的背景下，理性行为理论与计划行为理论形成了理论上的共鸣；而规范目标则在社会人假设的框架下找到了其对应的理论基础，即规范激活理论以及价值观—态度—行为层次理论；与此同时，享乐目标则与人际行为理论中舒适偏好、过去行为等概念建立了逻辑关联。

因此，目标框架理论能够有效地整合现有多种关于个体行为的理论视角，提供一个更全面的分析框架，尤其适用于解释和预测旅游消费券的使用行为意愿。基于此，本书借鉴目标框架理论的研究思路，结合个人心理感知因素、情境因素、习惯因素以及人口统计学特征因素，构建一个旅游消费券使用行为意愿形成机制的综合性分析框架，理论整合见表 2-1。这一框架主要依托目标框架理论阐述影响旅游消费券使用行为意愿形成的多元因素，为构建更加完善的旅游消费券使用行为的整合模型奠定了坚实的理论基础。

表 2-1 目标框架理论对不同视角理论的整合

焦点目标	信息处理与关键因素	对应理论模型
获取目标	个体态度；主观规范；知觉行为控制	理性行为理论（TRA）
		计划行为理论（TPB）
规范目标	责任归属；价值观	规范激活理论模型（NAM）
		价值观—态度—行为层次理论（VAB）
享乐目标	舒适偏好；过去行为	人际行为理论（TIB）
政策感知因素	感知有用性；感知易用性	技术接受理论（TAM）
情境因素	设施设备；服务环境	态度—情境—行为理论（ACB）
人口特征因素	社会角色；知识技能	人际行为理论（TIB）

2.3 相关研究综述

2.3.1 行为意愿

在旅游行为研究领域中，计划行为理论（Theory of Planned Behavior, TPB）扮演着关键角色，其中行为意愿被视为直接影响个体实际行为的最主要前因变量。这一理论由 Ajzen 于 1991 年明确提出，他将行为意愿定义为个体在心理层面上趋向于采取某种特定行为的倾向性。大量旅游学者已运用计划行为理论展开了广泛的实证探究，有力验证了行为意愿对旅游者行为产生的显著直接影响。张圆刚等（2017）结合计划行为理论与自我调节理论，通过实证分析揭示了在乡村旅游背景下，行为意愿如何作为中介变量在不同模型结构中对旅游者参与乡村旅游活动产生了深远的影响。而陆敏等（2019）发现旅游者不文明行为的意愿对部分因素与不文明行为之间存在中介作用。周媛等（2020）则是拓展了原有的计划行为理论框架，纳入人格特质和外部情境两种新变量，构建了以行为意愿为核心中介变量的旅游志愿服务行为影响因素模型。无论是乡村旅游、旅游不文明行为抑或旅游志愿服务等多个旅游行为研究分支中，行为意愿都展现出其不可或缺的地位，它作为连接潜在心理因素与实际旅游行为的关键纽带，对深入理解旅游者行为的选择和变化过程具有重要意义，因此，在任何探讨旅游者行为的研究中，行为意愿都是必须重视的核心要素之一。

2.3.2 个人感知因素

2.3.2.1 个人态度
在多个行为理论如计划行为理论、人际行为理论和态度—情境—行为理论中，行为态度都被确认为影响个体行为的关键心理成分。它的形成根植于个体的认知结构中，涵盖对行为的认知、控制感和感知等方面。行为态度本质上是个体内在对特定行为及其相关活动所持的持久的观念、评价和行为倾向。研究普遍表明，旅游者的行为态度对其特定行为具有显著的正面影响，并通过行为意愿或其他中介变量间接作用于行为（余晓婷等，2015；黄涛等，2018）。在深入探讨行为触发机制和行为实施过程中，Schwartz于1977年提出的规范激活理论，以及Stern等人在1999年进一步丰富和完善的价值—信念—规范理论，均强调了对特定行为的感知在驱动个体行动方面的重要性。这种感知具体表现在个体对某一特定行为的密切关注以及对行为可能带来的结果的高度敏锐性，它实际上是对行为内在实质的探索和对其价值的关注，随着感知程度的加深，个体更能够精准地对是否采取此种行为做出明智决策（孙岩，2006）。

2.3.2.2 主观规范

在理性行为理论中，主观规范是一个主观的心理体验，用来描述个体在决定是否采取某种特定行为时所感受到的社会压力或社会影响。在理解和预测个体行为，特别是在涉及社会互动和规范遵从的情境中，主观规范是一个重要的考量因素（Fishbein and Ajzen，1975；Ajzen，1991）。社会心理学研究阐明，个体所体验到的主观规范主要源于其所承担的角色压力以及参照群体的影响。在一些研究中，主观规范不仅直接与行为相关，还可能在其他潜在影响因素与行为之间起到中介作用。Schiffman与Kanuk（2000）在研究中则指出，主观规范的形成程度是由个体与参照群体间的亲密程度及参照群体的影响力所决定的。参照群体被划分为两大类：一是主群体，即与行为主体日常交往频繁、互动密切的群体，对个体形成具体行为规范有着直接影响。主群体成员通常包括家庭成员、亲密朋友、同事、同学等与个体日常生活、工作或学习密切相关的人群。二是次群体，是指与个体接触相对较少、互动较为间接的群体，这类群体则更多地在形成社会规范层面对个体产生影响。次群体涵盖范围广泛，可以包括行业组织、宗教团体、兴趣社团、媒体传播、公众人物等，甚至可以是整个社会文化环境。Bamberg 等（2003）详细论述了主观规范主要体现在个体感知到重要的社会关系成员期待和感到更大的社会压力去遵从期望两个方面。

在我国特定的文化环境中，社会规范对个体行为的影响尤为显著（Hee，2000；Lam，2003）。我国特定的文化环境，尤其是集体主义价值观、面子文化、权威观念、紧密的社区与家庭关系，以及新媒体时代社会舆论的力量，共同营造了一种高度强调社会规范、重视群体和谐、强调个体对社会规则遵循的社会氛围。在此背景下，主观规范对个体行为的影响更为显著，成为驱动和制约个体行为选择的重要力量。旅游研究学者普遍认识到主观规范是一个不可忽视的个体行为影响因素，并广泛应用在旅游目的地选择、旅游产品偏好及旅游者行为分析等诸多领域（石晓宁，2013；邱宏亮，2016）。对于不同类型旅行者，吴霜霜（2016）研究关注航空旅行者的碳减排行为，而邱宏亮（2017）则针对出境旅游者，均探讨了主观规范对其产生的影响。

2.3.2.3 知觉行为控制

计划行为理论强调知觉行为控制这一概念，它是指个体在实施特定行为时，对其操作难度和自身驾驭能力的主观评估。在此之前，Levenson（1978）和 Rotter（1996）提出类似的概念——心理控制源，认为个体对自身行为或生活中事件结果的控制归属的一种认知倾向，并将其划分为内控型和外控型两类。内控型个体相信自身行为的执行及其结果主要依靠个人能力和努力，这类人通常表现出更强的责任感、自我效能感、主动性和毅力，遇到挫折时更可能坚持下去；而外控型个体则倾向于认为他们的行为和结果更多地受制于外部环境和条件的影响，这类人在面对困难时可能更容易感到无助，倾向于抱怨外部条件，而不是寻求通过自身努力来解决问题（Bodur and Sarigollu，2005）。心理控制源并非绝对的二分法，而是连续体上的分布，大多数人在内外控之间存在不同程度的混合。

知觉行为控制是计划行为理论中的核心概念之一，用以描述个体对自身能否成功执行某种特定行为的主观判断或信念，在旅游研究的不同领域得到了广泛的实证验证。学术界对知觉行为控制对旅游者行为的影响存在多种观点，知觉行为控制不仅直接影响行为意向，还可能直接作用于实际行为（石晓宇，2013；Klöckner and Blübaum，2010；邱宏亮，2016）。然而，在某些情况下，知觉行为控制可能并不显著影响个体的行为，或者其影响程度低于预期。如针对某些特定的旅游行为，比如虚拟旅游等新型旅游形式，知觉行为控制并未表现出对旅游者行为意愿和实际行为的显著影响（厉新建等，2021）。同时，王凯等（2016）指出，知觉行为控制在计划行为理论模型中是最不稳定的一个因素，在特定情境、个体差异、测量问题等因素的影响下，其对行为的实际影响可能没有预期显著，甚至可能没有影响。

2.3.3 情境因素

2.3.3.1 旅游目的地的环境水平

环境水平和服务质量是影响个体行为和决策的关键因素，这一观点得到态度—情境—行为理论和"动机—机会—能力"模型的支持。在不同的情境中，环境水平的表现形式各异，但总体上对行为产生直接或间接的推动作用。在环保行为上，如 Young（1990）的研究所示，设施设备和环境条件的设计与管理对于居民的垃圾回收行为具有决定性影响。

合理配置回收设备、优化投放环境，可显著提高居民执行环保行动的积极性。在零售行业中，环境水平表现为店铺环境的舒适度和便利性，Baker 等（1992）指出，消费者对购物环境的满意度直接影响其购买产品的意愿，一个赏心悦目且功能齐全的购物环境往往能有效刺激消费行为。在旅游行为学中，环境水平涵盖旅游目的地的社会环境、设施配备、公共服务等多个方面。如 Prideaux（2000）的研究显示，交通条件不佳会限制旅游者的出行选择，而白凯等（2010）进一步将旅游地的环境因素细化为五个维度，各个维度的良好状态都能提升旅游者的旅游满意度和再访意愿。

2.3.3.2 旅游目的地的服务质量

服务质量则是另一个关键影响因子，它不仅包含实体设施的服务水平，还包括无形的人际互动和服务过程中的体验感。Babin 与 Darden（1995）强调，在良好的服务环境下，消费者能获得愉悦的体验感知，从而增强购买意愿。在旅游领域，高质量的旅游服务（如导游服务、旅游咨询服务等）同样被证实能显著提高游客对旅游目的地的好感度和行为意愿。李树旺等（2022）同样发现"人员服务"和"主设施"在滑雪场的服务体系中占据着至关重要的地位，被视为衡量滑雪场整体服务水平和顾客满意度的核心指标。其中，"人员服务"涵盖从接待、教练指导到紧急救援等各个环节，工作人员的专业素养、服务态度以及对客户需求的快速响应能力，直接决定了滑雪游客在雪场内的体验质量，良好的人员服务能让游客感到宾至如归，提升滑雪场的品牌忠诚度和口碑效应。因此，在"服务质量→体验质量→行为意愿"的逻辑链条中，体验质量起到了完全中介的作用，意味着服务质量的提升最终是通过提高体验质量来间接影响和促进参与者未来参与体育旅游的行为意愿。换句话说，即使旅游服务提供者提供了优质的服务，但如果不能转化为游客良好的实际体验感受，那么这种服务本身并不能直接导致游客更高的行为意愿；只有当优质服务切实转化为高品质的体验，才能有效地引导和激励游客在未来继续参与体育旅游活动或做出积极的口碑传播（赵阳和冯学钢，2024）。

2.3.4 习惯因素

2.3.4.1 舒适偏好

在目标框架理论的视角下，享乐目标作为一股强大的驱动力，深刻影响着个体的行为模式与决策过程。它鼓励个体更多地去追求当下即刻的快乐与舒适感觉，尽量避免任何可能带来痛苦、不便或压力的情境。这一特性在旅游活动场景中尤为突出，因为旅游的本质在于寻求欢乐、释放日常生活压力，以及体验新颖的事物，旅游者自然而然地倾向于最大化自身的愉悦体验。Wheeller（1990）在其研究中提到，即便是那些投身于生态旅游的群体，在实际的旅游经历中也很可能更加注重个人的乐趣和满足感，而相对较少地深度关注或优先考虑生态环境保护和可持续发展的问题。尽管当前社会大力提倡绿色旅游和可持续旅游的发展，但众多旅游者在制定行程规划和作出具体旅游选择时，由于受到享乐目标的强烈驱动，很可能在一定程度上忽视或淡化了自己对环境责任的承担。Goossens 在 2000 年的研究进一步验证了这一点，他明确指出追求愉悦体验是旅游者外出旅行的根本目的。在设计和实施旅游方案时，研究首要考量的是如何最大限度地获取乐趣和满足自身期待。与此同时，Barr 等人（2011）的研究成果揭示了一个值得关注的现象：旅游者在挑选旅游产品和服务的过程中，一旦发现某种可持续消费方式可能无法保障或反而可能降低其旅游过程中的舒适度，他们选择这种可持续消费方式的意愿便会明显下滑。这无疑凸显了舒适度在旅游决策环节中的决定性地位。

此外，黄雪丽等（2013）关于低碳旅游行为影响因素的研究中，通过对旅游者进行访谈调查，也揭示了舒适度对旅游者选择的影响机制。他们发现，旅游者对轻松惬意、无拘无束的诉求，即所谓的"悠逸诉求"，在某种程度上可能构成一种情境因素，使他们在面临环保旅游与舒适旅游的抉择时，更倾向于选择后者，从而在实际行动中降低了推行低碳、环保旅游行为的决心。可见，具体的旅游实践过程中，旅游者在面对舒适度与环境保护等其他观念之间的权衡时，往往容易受到享乐目标的影响，进而做出有利于短期舒适享受的选择，而这在一定程度上削弱了他们在旅游活动中贯彻可持续发展理念的初衷和行动力。

2.3.4.2 过去行为

人际行为理论着重探讨了习惯在人类行为中的重要作用，强调习惯作为一种固化的重复行为模式，对个体的后续行为具有显著的惯性影响。根据该理论，随着某一行为被执行的次数增多，它会逐渐转化为一种自动化的习惯，不再需要过多的认知资源和深思熟虑就能自主发生（Miller，2015）。这意味着一个人过去的某一行为越频繁，他在执行相同或相似行为时所需的意识努力就越少，从而促进了特定行为的稳定性和连贯性。在经典理性行为理论（TRA）和其后续扩展的计划行为理论（TPB）中，研究者如 Bagozzi（1992）和 Fitzmaurice（2005）也将过去行为纳入研究范畴，将其视为一个重要的附加变量，认为过往的经验和行为记录有助于预测个体未来的决策和行为取向。比如，过去成功的旅游经验可能会增加个体再次前往同一目的地的倾向，而不良的旅游体验则可能降低再次选择该地的概率。Lam 和 Hsu（2006）在针对台湾旅游者赴香港旅游行为意愿的研究中，特意将过去行为这一变量引入计划行为理论模型，通过对大量数据的实证分析，他们得出结论，过去行为的加入显著提高了模型对旅游者未来行为意愿预测的准确性。此外，曾武灵等（2011）在建构旅游者重游意愿的理论模型时，也强调了旅游者过去行为的重要性。他们的研究结果显示，旅游者过去对该旅游地的访问经历是影响其再次游览该地意愿的关键因素之一。简言之，旅游者初次游览时形成的良好习惯、愉快记忆、熟悉感以及满意度等因素，均可能加强他们再次选择该旅游地的意愿；反之亦然。因此，在理解和预测旅游者行为时，充分考虑过去行为的影响至关重要。

2.3.5 个人特征因素

2.3.5.1 人口统计学特征

在社会心理学及相关领域的研究中，人口统计学特征被广泛应用于探索个体行为差异和特点，尽管这些特征与行为之间的因果关系并非绝对确定，但它们无疑为我们理解个体行为多样性提供了重要的线索。性别、年龄、受教育程度、职业类型、收入、家庭类型等因素对个体行为的影响复杂多元。在旅游研究中，不同的性别、年龄层次表现出各异的旅游动机和行为偏好。韩立宁等（2012）的研究发现，男女旅游者在旅游细节决策上存在差异，而 Ballantyne 等（2011）则指出性别与环境态度有关联，影响旅游者的环保行为表现。从微观视角来看，消费者个体的人口统计学属性在很大程度上影响了消费券的使用意愿和使用行为。

外国学者已证实消费者的年龄、性别、受教育程度、家庭规模是影响消费券使用意愿和使用倾向的重要因素（Reibstein and Traver，1982；Mittal，1994；Swaminathan and Bawa，2005）。可见，消费者的个体特征在消费券使用上扮演着关键角色。年龄因素会影响消费习惯和消费观念（林斌等，2021），例如，年轻人可能更善于利用数字化消费券，并热衷于尝试新的消费方式，而老年群体可能对纸质消费券接受度更高，但使用频率较低。性别差异也可能体现在消费行为上（杨舒等，2022），女性消费者可能更倾向于在家居用品、服饰美容等领域使用消费券，而男性消费者可能更多在电子产品或户外活动等方面使用。受教育程度、职业和收入水平则影响消费者的购买力和消费层次（余凤龙等，2018；王兆峰与谢娟，2013），其中受教育程度越高，在旅游消费中越理性越主动；高收入消费者可能对消费券的优惠力度要求更高，低收入消费者可能更看重消费券带来的节省效果。受教育程度高的消费者可能更能理解消费券的潜在价值，并能更理性地规划和使用消费券。家庭规模也会影响消费券的使用，大家庭可能会寻找能覆盖全家需求的大额消费券，小家庭或单身人士可能更偏好单人使用的消费券。

2.3.5.2 旅游方式特征

旅游行为的复杂性和多样性可以从空间行为特征和时间行为特征两个维度来进行深入剖析。首先，旅游者的空间行为特征，即旅游距离的远近，对旅游者的环境行为产生了显著影响。如夏凌云等（2016）的研究表明，居住地与旅游目的地距离较远的旅游者，由于缺乏长期的归属感和密切的利益关联，其积极环境行为倾向相对较弱。相反地，近距离的旅游者更容易将自身利益与目的地利益相结合，从而在旅游过程中表现出更积极的环保行为。根据之前提及的学者研究，旅游距离与旅游者的环境行为倾向有一定关联。可推测，对于短途游或本地游的游客来说，消费券若能抵扣日常消费类别的旅游开销，会显著提高其使用意愿。其次，旅游的时间行为特征，即旅游时间的长短，对旅游者的情感认同和行为表现有重要影响。长时间或高频次在目的地逗留的旅游者，会逐渐建立与目的地的情感纽带，产生功能性或精神性的依恋，这在一定程度上会促使他们更自觉地遵循生态友好和文明旅游的原则（骆泽顺和林璧属，2014）。长时间或高频次旅游者可能由于积累了较多的积分奖励和优惠政策，对旅游消费券的使用门槛要求更高，除非消费券能够叠加使用或提供额外价值，否则使用意愿可能受影响。自由行游客可能会更倾向于使用旅游消费券，因为他们有更多的自主选择权，可以根据消费券的适用范围自由安排行程和消费项目，灵活搭配各类旅游服务和产品。

此外，根据人际行为理论，旅游者的社会身份、同伴关系以及旅游动机等社会因素也在塑造其行为方面发挥着关键作用。邓爱民与祝小林（2018）指出，旅游者在结伴出游时，出于维护自身形象和社会地位的需要，会在行为上有所约束和调整。黄潇婷与刘春（2016）的研究进一步揭示了不同类型旅游同伴对旅游者行为的不同影响，例如，旅行团成员、同事、家人、朋友等不同同伴结构可能引发旅游者行为的差异化表现。同时，旅游动机也被证明对旅游者行为具有显著导向作用。例如，在生态旅游中，具有亲近自然和保护环境动机的旅游者更有可能采取生态友好的旅游行为（Luo and Deng，2007；Kil et al.，2014）。由此可知，无论是旅游的空间距离、时间长度、同伴类型还是旅游动机，都不同程度地塑造和影响着旅游者的行为表现。

2.3.5.3 旅游者消费特征

旅游消费预算是影响旅游消费券使用意愿的一个重要因素（杨晋，2011）。当旅游者的预算较为充足时，他们可能会选择不依赖消费券，而是直接购买所需服务或产品。相反地，当旅游预算有限时，旅游消费券因其能够降低旅游成本，可能会极大地提高旅游者的使用意愿。消费者在制订旅游计划时，会结合自己的预算情况，合理运用消费券以优化消费结构，提升旅游性价比。如果消费券适用于某个旅游者在预算中占比较大的消费项目，如住宿或机票，那么该旅游者会更有意愿使用消费券以减轻这部分开支的压力。反之，如果消费券的使用局限于较小比例的消费项目，旅游者可能会根据实际情况判断是否值得为此调整原有消费计划。

不同消费习惯的旅游者对消费券的使用意愿不同（阮淮岭，2023）。一些消费者习惯于提前规划、搜寻优惠信息，并充分利用各种促销手段来节约开支，这类消费者通常对旅游消费券持有较高的接受度和使用意愿。另外，对价格敏感的消费者，尤其是那些喜欢比较价格、寻找最佳性价比的消费者，更可能抓住消费券提供的机会，以此降低旅游成本。而对服务品质要求较高、不太关注价格折扣的消费者，使用旅游消费券的意愿可能相对较低，他们更倾向于选择符合自身需求与偏好的高品质服务，即使这意味着支付全额费用。此外，平日里习惯线上消费、移动支付的消费者，对电子旅游消费券的接纳和使用也会更为方便和积极。

2.3.6 感知有用性

2.3.6.1 使用可信度

技术接受理论被广泛应用于各种技术和产品采纳情境中，包括但不限于移动支付、电子商务、在线服务等领域（李月琳和何鹏飞，2017）。在消费券的研究中，政府或发券机构的信誉在塑造消费者对旅游消费券信赖程度的过程中起着至关重要的作用。高信誉意味着发券主体具备强大的执行力和公信力，能够让消费者确信其所发放的消费券不仅能得到广泛的认可和支持，而且在使用过程中不会出现无法兑现、规则变动等不确定性问题。一旦消费者对政府或发券机构建立起深厚的信任基础，他们会更加倾向于积极参与消费券的领取和使用，认为这是一种可靠的刺激消费、促进旅游经济发展的有效途径。消费券可能附带某些特别优惠或与其他品牌合作，消费者通过使用消费券可以获得额外福利，或是感受到与优质品牌的关联，这也提高了消费券的感知有用性。

2.3.6.2 经济价值

消费者在面对旅游消费券时，往往会进行深度的成本效益分析，以评估该券对于他们整体旅游花费的实际节省程度（钟洲和蔡跃洲，2024）。这个过程涉及对消费券覆盖范围的详细审视，包括但不限于住宿、交通、景点门票、餐饮、购物和其他旅游相关服务等各个方面的费用。如果旅游消费券能够在这些重要消费环节中起到实质性的作用，即通过直接抵扣或折扣形式，明显减轻消费者的经济负担，那么消费者自然而然会认为此类消费券具有极高的实用价值。旅游消费券对消费者的心理影响也不容忽视。当消费者了解到使用消费券能有效降低旅游成本，他们可能会调整原有的消费决策，比如，原计划待在家里休息的周末可能会变成一次周边游；原计划在国内短途旅行的人可能会选择远距离的国内游甚至是国际游。这种消费券带来的"划算感"往往能激发消费者的出游欲望，进一步刺激旅游市场需求，促进旅游经济的发展。

2.3.7 感知易用性

2.3.7.1 领取便利性

消费券的感知易用性是消费者评价其是否愿意接受和使用消费券的一个重要因素，其中领取便利性尤为关键。消费者会考虑旅游消费券的领取条件和程序是否简便易行。随着移动互联网和电子支付技术的发展，线上领取消费券已成为主流方式。消费券的领取便利性直接影响到消费者对消费券的接纳度和使用意愿，只有将领取过程设计得足够简洁易懂且易于操作，才能更好地吸引消费者参与，进而达到刺激消费、提振经济的目的。

2.3.7.2 核销便利性

旅游消费券的核销便利性是指消费者在实际使用消费券抵扣相应费用时的过程简易程度和高效性。消费券的使用期限和地域限制越宽松，消费者就越容易在合适的时机和地点使用，从而增加其使用意愿。如果消费券只能在特定时间或地点使用，可能会降低消费者的使用积极性。后续的服务保障同样对消费券的可信度产生了深远影响。在消费者领取和使用消费券的过程中，可能出现疑问、纠纷或技术故障等问题，完善的售后服务体系能够及时有效地解决问题，保护消费者的合法权益，从而巩固消费者对消费券及其发行方的信任。此外，持续的政策宣传、咨询服务以及对违规行为的严格监管才能让消费者感到安心，进而提升消费券的整体可信水平。

2.4 本章小结

本章聚焦于旅游消费券的理论基础与研究进展，首先梳理了消费券的历史起源和发展脉络，从世界的消费券逐步对焦到我国的旅游消费券，引出本书所要研究的主体概念。接下来，从消费者的角度出发，对使用旅游消费券行为的相关理论基础和模型进行了概述，从学科理论基础到理论模型，最后到各要素的研究综述，共同为本书研究旅游消费券的效用和影响机制研究提供了坚实的理论支撑，形成了影响旅游消费券效用的理论模型雏形，模型框架见图2.11。

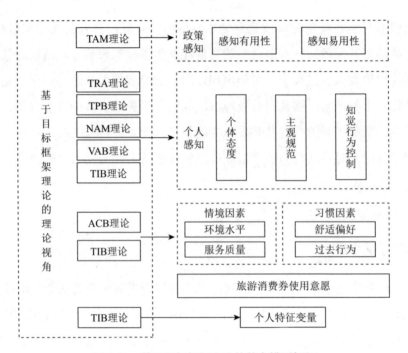

图 2.11　基于目标框架理论的整合模型框架

第三章

旅游消费券发放情况分析

3.1 旅游消费券的发放背景

3.1.1 应对经济波动的宏观经济调控

在全球经济一体化进程中，不时会遭遇周期性的波动甚至衰退，这种全球经济衰退现象往往会深刻地影响到各国尤其是开放经济体的内外需求结构。这一趋势在疫情暴发后更为明显，全球经济受到前所未有的冲击。由于各国的封锁措施和跨境贸易活动的大幅缩减，全球产业链和价值链遭到破坏，国际贸易显著收缩，各国尤其是发达国家的外需出现了大幅度萎缩。国际货币基金组织（IMF）和世界银行等权威机构频繁下调经济增长预期，反映出对全球经济前景的消极态度。各国央行纷纷采取极其宽松的货币政策，如美国、欧洲和日本等发达国家实行零利率甚至负利率政策，试图通过降低借贷成本、刺激信贷市场和鼓励投资来提振经济。与此同时，财政政策层面，各国政府不得不推出规模空前的财政援助计划，比如部分国家推出了占本国 GDP 10%~20% 的巨额财政刺激方案，以救助受困的企业、保障民生和稳定就业市场。即使财政和货币双管齐下，经济恢复的速度和力度仍面临诸多不确定性因素，全球经济走出衰退的道路显得依然艰难。

面对全球经济衰退带来的外需萎靡局面，我国及其他国家惯常使用的投资拉动型经济增长策略面临一定的局限性。大规模投资主要包括基础设施建设、产业升级改造以及新兴产业的培育等多方面内容，这些投资项目往往具有较长的投资回报周期，从规划、审批、建设到投产使用，各个环节均需耗费大量时间和资源。这种"慢热型"增长动力存在较为明显的短板，即投资项目的实际落地及经济效益的显现具有滞后性，难以在短期内对冲经济压力。在全球经济衰退叠加市场预期普遍悲观的背景下，资源分配效率可能受到影响，导致投资决策犹豫不决，项目进度延宕，投资效果打折扣。若过度依赖投资驱动经济增长，还可能滋生出一些深层次问题，比如政府和企业债务负担的不断加重，以及由于盲目扩张引起的产能过剩风险，这些问题将进一步加大经济结构调整的难度，阻碍经济健康稳定发展。尤其对于中小微企业来说，其抗风险能力相对较弱，受到的冲击最为剧烈。相较于大型企业，中小微企业往往缺乏足够的资本积累和风险抵抗能力，市场需求的萎缩、供应链中断、融资渠道受限等因素叠加，使它们在经济寒冬中承受的压力更为巨大。

在全球经济陷入衰退、外需显著萎缩的背景下，重新启动并强化消费作为支撑经济增长的关键驱动力，成为稳定经济形势的战略焦点。消费、投资和出口被誉为拉动经济增长的"三驾马车"，其中消费因其直接作用于市场需求、反应迅速且具有持续性，对稳住经济大盘尤为重要。

特别是在我国这样一个拥有庞大内需市场和丰富消费层次的国家，提振国内消费不仅能有效缓冲外需疲软带来的负面效应，而且能够在中长期维度上为经济增长提供稳定的动力源泉。面对全球经济衰退引发的外需困境，政策制定者需精准施策，充分利用政策引导和激励机制，全方位、多层次地激发和扩充内需市场。政策层面可以通过减税降费、发放消费券、提高社会保障待遇等多种方式，提升居民的消费能力和消费意愿，进而转化为实实在在的消费行为。特别值得一提的是，旅游业作为一个关联度极高、辐射带动力强的消费领域，在刺激经济复苏中具有不可忽视的地位。旅游业涵盖了交通、住宿、餐饮、娱乐等多个子行业，一旦得以复苏，能够迅速带动上下游产业链的发展，创造大量的就业机会，进而推动整体经济循环的畅通。因此，在全球经济衰退的大环境下，聚焦于旅游业的振兴与发展，既是提振内需、稳定经济的有效途径，也是推动经济高质量发展的必然选择。

3.1.2 旅游消费的恢复有助于关联行业的提升

旅游消费的恢复在应对全球经济衰退，尤其是外需萎缩所带来的经济压力中，具有举足轻重的作用。旅游业以其强大的关联性和广泛的辐射效应，对于多个相关行业的复苏起到了直接和间接的拉动作用。

首先，从旅游业的直接拉动效应来看，旅游消费的恢复对于交通运输业的提振作用显而易见且深远广泛。在全球经济衰退和外需萎缩的背景下，旅游消费的逐步回暖如同一股暖流，直接激活了整个交通运输产业链。随着游客出行需求的显著增加，各种长短途旅游活动的蓬勃开展，航空、铁路、公路、水运等多元化运输方式迎来了久违的繁荣景象。长途旅行方面，航空公司航班的满载率随着旅游市场的恢复逐渐升高，机场客流的回升直接带动了机票销售的增长，进而刺激航空业加大航班投放，更新设备，优化航线网络，形成良性循环。同时，高速铁路凭借其快捷便利的优势，同样深受游客青睐，火车票的热销带动了铁路运输业的快速发展，铁路部门也会相应地提升服务质量，增设线路，以满足不断提升的市场需求。短途游方面，自驾游的兴起使得汽车租赁业务迅速回暖，租车公司借此契机扩大车队规模，改进服务质量，满足不同消费者多样化的出行需求。公路客运量的增长，不仅体现在旅游大巴的忙碌，也反映在城市公交系统和出租车、网约车行业的繁荣。尤其在热门旅游城市和景区周边，城市公共交通系统的承载压力得到缓解，出租车与网约车的接单量大幅提升，进一步刺激了汽车制造、维修保养等相关产业的活力。水运方面，随着国内外邮轮旅游、沿江沿海观光游的兴起，船票销售升温，船舶航运业迎来新的发展机遇。港口码头的繁忙程度提升，间接带动了船舶制造、航道疏浚、物流仓储等一系列相关产业的发展。

其次，住宿业作为旅游业复苏链条中的重要环节，其受益表现得尤为直观且显著。随着旅游消费的逐步恢复，酒店、旅馆、民宿、度假村等各种类型的住宿设施，其入住率显著提高，这无疑是对其营业收入的最直接推动。每当节假日或者旅游旺季来临，客房预订量的攀升带动了住宿业的繁荣，使酒店业从业者积极调整服务策略，提高服务质量，以吸引更多的游客入住。不仅如此，住宿业的兴旺也极大地刺激了与其密切相关的制造业的发展。随着住宿设施入住率的提高，对高品质床品、舒适家具、专业清洁用品等配套设施的需求随之增长。这既是对现有库存的消耗，也催生了对新产品采购的需求，从而推动了床上用品制造、家具设计制造、清洁用品生产等制造业细分领域的订单增长和技术革新。与此同时，餐饮业在旅游消费复苏中同样收获颇丰。各地富有地方特色的餐馆、小吃街、旅游景点周边的餐饮门店，由于游客数量的激增，其客流量和营业额呈几何级数增长，使餐厅老板们纷纷提升菜品品质，打造特色餐饮体验，以吸引更多食客驻足。由此，餐饮业的繁荣进一步传导到上游的食品加工业和食材供应行业，如肉类加工、果蔬种植、水产养殖、调料生产等，这些行业在旅游消费复苏的浪潮中获得新的市场需求，从而得以扩大生产规模，提高产品质量，进一步促进整个产业链的协同与进步。

旅游消费的恢复对于文化产业、体育产业以及其他相关行业产生的积极推动力不容忽视。随着旅游市场的回暖，游客数量的增加，人们在享受旅途的同时，对文化娱乐、休闲体育等方面的消费需求显著提升，这为上述行业带来新的发展机遇。景区内的演艺活动，如民俗表演、音乐会、戏剧演出等，随着游客群体的回归，不仅观众席位再现爆满场景，而且还促进了剧本创作、演员培训、舞台设计等相关文化产业的发展。主题公园作为旅游与文化娱乐结合的典范，其游客量的增长意味着更高的门票收入，同时也刺激游乐设施制造、动漫衍生品开发、主题活动策划等产业链条的联动发展。博物馆、艺术展览等文化场所，则通过精心策划的主题展览和互动体验活动吸引更多游客的关注，进一步推广文化遗产保护与传承，促进文化创意产品销售、教育研学、数字媒体技术应用等新兴业态的崛起。与此同时，户外运动、水上娱乐、冰雪运动等休闲体育活动也因旅游消费的复苏而焕发勃勃生机。登山、徒步、骑行、潜水、滑雪等运动项目热度上升，使户外装备制造业、体育教育培训、赛事组织策划等相关行业市场需求旺盛，创造大量就业岗位，推动体育产业的整体升级。

综上所述，旅游消费的恢复不仅局限于旅游业本身的复苏，更是在广泛层面上激活文化产业、体育产业以及其他相关行业的发展潜力，形成一股强劲的经济驱动力，为应对全球经济衰退、重启消费引擎、稳定经济形势贡献了重要力量。

3.1.3 新时代旅游消费的结构和模式发生转变

进入新时代，中国乃至全球的旅游消费市场正经历一场深刻的变革。这场变革体现在旅游消费的结构和模式发生根本性的转变，具体表现为从传统的团队消费向散客消费模式的过渡、旅游者消费观念和需求的个性化转变以及旅游数字化、智能化消费模式的兴起。

从团队消费向散客消费模式的转变，无疑是旅游消费结构演变历程中的一个重要里程碑。在过去的时代里，团体旅游作为一种主流的出行方式，凭借其严谨的行程安排、经济实惠的价格以及一站式的便捷服务，受到广大消费者的青睐。旅行社预先设定好的固定行程和标准化服务，使消费者无须过多操心行程规划和琐碎事务，只需按部就班地跟随团队，就能完成一次较为完整的旅游体验。然而，随着社会经济的飞速发展，人民生活水平的显著提升，以及旅游知识和信息的日益普及，消费者的旅游观念和需求发生根本性的转变。他们开始追求更高层次的旅游体验，更加向往自主决定行程的灵活性和个性化的独特性。消费者不再满足于千篇一律的固定行程和标准化服务，转而倾向于自行规划路线，自由安排行程，以便有更多的时间去深入了解和沉浸在当地的文化氛围之中，探寻那些隐藏在大众旅游路线之外的秘境之美。

散客化趋势对旅游消费结构的重塑，不仅深刻改变了消费者的出游习惯，也有力地推动了旅游全产业链的创新与升级。旅行社的传统业务模式面临挑战，迫使他们不得不寻求创新和转型，从过去的单一团队接待转向提供更多个性化、定制化的旅游产品和服务。例如，私人定制旅游、自驾游服务包、小众目的地探索等新兴业务模式应运而生，能够满足消费者对于独特旅游体验的追求。与此同时，酒店业也不得不适应这种散客化趋势，提供更为灵活的预订政策、个性化房间配置以及贴合不同消费需求的增值服务。旅游景区则需着手提升游客体验，推出多样化游览项目，满足不同游客的深度游和主题游需求，比如夜游、亲子游、生态游、文化游等。此外，交通运输业也需要优化服务，提供更为便捷、高效的交通解决方案，以适应散客出行灵活多变的特点。旅游者消费观念和需求的个性化转变也在重塑旅游消费市场。如今，旅游已不再是单纯的看山看水，而是追求身心愉悦、文化交流、自我价值实现的过程，这也促使旅游产品设计者不断创新，提供更多元化、更具文化内涵的旅游产品。同时，健康旅游、亲子旅游、研学旅游等细分市场蓬勃发展，反映旅游消费需求的高度个性化和差异化。

旅游数字化和智能化消费模式的兴起，正在以前所未有的深度和广度颠覆和重塑旅游业的运作模式及消费形态。移动互联网、大数据、云计算、人工智能等新一代信息技术的深度融合与广泛应用，正在赋予旅游消费前所未有的便捷性和智能化。在信息化时代，智能手机和移动互联网的普及，让旅游消费突破了时间和空间的限制。消费者可以轻松通过各类在线旅游平台实时查询全球各地的旅游资源信息，对比分析不同旅游产品的性价比，一键完成机票、酒店、门票、租车等各项旅游服务的预订，可以真正实现旅游消费的无缝对接和一站式服务。这种高度集成化的服务模式极大地提升了消费者旅游计划的制订效率，降低交易成本，提高旅游满意度。智慧景区建设成为旅游业数字化转型的重要标志。通过物联网技术、大数据分析、人脸识别等技术的综合运用，智慧景区可以提供精准的人流监控、无接触入园、智能导览等服务，可以有效地解决传统景区存在的拥堵、管理混乱等问题，极大提升了游客体验。智能导游系统的引入，让游客可以根据个人兴趣和需求，随时获取详尽、生动的历史文化解说，让旅游体验更加丰富和个性化。

总结起来，新时代的旅游消费结构和模式转变是一个动态演进的过程，它充分体现了现代社会消费者对自主、个性、便捷和智能的追求。这种转变不仅有利于推动旅游业的创新发展，提高旅游服务质量，也为探索构建以内需为主导、创新驱动的旅游经济发展新模式提供宝贵的方向。

3.1.4 数字经济基础设施发展迅猛

数字经济基础设施的快速发展在当今全球经济体系中扮演着至关重要的角色，特别是在全球经济衰退、外需萎缩的背景下，产业互联的新型基础设施的支撑作用正在加速释放，并为应对经济下行压力提供有力支撑。我国数字经济基础设施的飞速进步，特别是在移动支付领域的广泛应用，为政府发放消费券以激活内需、提振经济提供极为有利的环境。中国人民银行在《2023年支付体系运行总体情况》中揭示，当年我国移动支付业务总量跃升至1851.47亿笔，较上年增长16.81%，展现出极高的活跃度和普及度。对此，中国人民银行支付结算司的严芳负责人强调，移动支付是我国现代化支付体系中的核心优势，目前我国移动支付的普及率已高达86%，这意味着移动支付已成为国民日常生活的标配。此外，根据中国互联网络信息中心发布的《中国互联网络发展状况统计报告》，我国移动支付用户规模已经突破7.5亿人，全年支付总额累计超过337.9万亿元，这昭示着移动支付不仅深度融入社会经济生活各个方面，且在规模上彰显出巨大的经济潜能。在此背景下，政府巧妙地利用先进且成熟的移动支付系统，将消费补贴政策精准投放到每个个体、商家、企事业单位以及特定行业。通过移动支付平台，消费券的发放和使用能够瞬间完成，操作简便且成本低廉，这在很大程度上克服传统消费券发放过程中所面临的资金周转效率低、人力成本高以及操作透明度不足等难题。

3.2 旅游消费相关政策梳理

近年来，我国政府对旅游消费市场的健康发展给予高度重视，并通过构建和完善相关法律制度及实施一系列政策措施，旨在强化旅游消费者权益保障，优化旅游消费环境，进而推动旅游业成为拉动内需、促进经济增长的重要动力。为了更深入地明晰我国旅游消费相关的政策及其相关规定，本章已系统梳理与旅游者消费紧密相连的各项政策文件，并将这些核心内容进行归纳整理，相关内容见表 3-1。由现有政策梳理可知，我国旅游消费政策主要采取五个方面的促进措施：基础设施提升与消费环境优化、旅游消费促进与惠民政策、细分市场与多元业态发展、投融资政策支持、市场监管与服务提升。我国旅游消费政策着重全面提升旅游产业链条的服务品质和消费体验，通过政策引导和市场机制双轮驱动，全方位、多层次地激发旅游消费潜力，实现旅游业高质量、可持续发展。旅游消费券发放仅是作为旅游消费促进与惠民政策中的具体措施体现，常常结合文化和旅游消费季、消费月等活动，利用电商平台、新媒体平台等多种渠道，创新消费促进形式。

表 3-1　2019—2024 年我国旅游消费相关政策梳理

时间	部门	政策文件	相关内容
2019 年 1 月	国务院办公厅	《关于深入开展消费扶贫助力打赢脱贫攻坚战的指导意见》	着力推动贫困地区休闲农业和乡村旅游加快发展，在生产、流通、消费各环节打通制约消费扶贫的痛点、难点和堵点，推动贫困地区产品和服务融入全国大市场

续表

时间	部门	政策文件	相关内容
2019 年 8 月	国务院办公厅	《关于进一步激发文化旅游消费潜力的意见》	提升文化和旅游消费质量水平，增强居民消费意愿，以高质量文化和旅游供给增强人民群众的获得感、幸福感
2019 年 11 月	国家发展改革委等多部门	《关于改善节假日旅游出行环境促进旅游消费的实施意见》	进一步缓解节假日集中出行导致的交通拥堵问题，优化节假日旅游出行环境，促进旅游消费，持续推动我国旅游高质量发展
2020 年 2 月	国家发展改革委等多部门	《关于促进消费扩容提质加快形成强大国内市场的实施意见》	重点推进文旅休闲消费提质升级。丰富特色文化旅游产品，改善入境旅游与购物环境，创新文化旅游宣传推广模式。通过发放消费券，恢复发展被压制的消费意愿，释放消费潜能
2020 年 9 月	农业农村部办公厅	《关于公布 2020 年中国美丽休闲乡村的通知》	加快建设一批美丽乡村，弘扬务实创新精神，深度挖掘农业功能，加强配套设施建设，不断丰富业态类型，打造乡村休闲旅游精品景点，带动乡村繁荣和农民就业创收
2020 年 10 月	文化和旅游部、国家发展改革委、财政部	《关于开展文化和旅游消费试点示范工作的通知》	推动试点城市、示范城市纳入多层级消费中心培育建设。强化政策保障，构建文化和旅游消费良好政策环境。增强供给能力，提高文化和旅游产品、服务供给质量。优化消费环境，提高文化和旅游消费便捷程度。创新业态模式，拓展文化和旅游消费新空间新时间

续表

时间	部门	政策文件	相关内容
2021 年 7 月	文化和旅游部办公厅	《关于组织开展2021年全国文化和旅游消费季活动的通知》	以国家文化和旅游消费示范城市、国家文化和旅游消费试点城市为主要依托，联动其他有意愿参与的城市，引导国家级夜间文化和旅游消费集聚区积极参与，组织文化和旅游企事业单位、主要电商平台、新媒体平台，在统筹做好疫情防控和安全生产工作的前提下，共同举办线上线下深度融合的系列促消费活动，维护消费者合法权益，营造良好消费氛围，激发居民文化和旅游消费热情，促进消费市场复苏和产业高质量发展
2022 年 6 月	文化和旅游部等多部门	《关于推动传统工艺高质量传承发展的通知》	鼓励在非物质文化遗产旅游体验基地、特色村镇、街区，以及民族村寨建设中，将传统工艺资源融入旅游产品和旅游线路，推动传统工艺保护与旅游发展相融合。支持各地在旅游景区、旅游度假区、旅游休闲街区、夜间文化和旅游消费集聚区、乡村旅游重点村镇建设中，丰富传统工艺产品供给，扩大传统工艺消费市场
2022 年 12 月	中共中央、国务院	《扩大内需战略规划纲要（2022—2035年)》	最终消费是经济增长的持久动力。顺应消费升级趋势，提升传统消费，培育新型消费，扩大服务消费，适当增加公共消费，着力满足个性化、多样化、高品质消费需求
2023 年	国务院办公厅	《关于恢复和扩大消费的措施》	丰富文旅消费。全面落实带薪休假制度，鼓励错峰休假、弹性作息，促进假日消费。加强区域旅游品牌和服务整合，积极举办文化和旅游消费促进活动

续表

时间	部门	政策文件	相关内容
2023 年 3 月	文化和旅游部	《关于推动在线旅游市场高质量发展的意见》	加强旅游消费类金融产品创新，为旅游者提供便利的产品分期贷款、小额消费信贷、先游后付等消费金融服务，加大旅游消费金融产品的宣传和合规教育，激发在线旅游平台的金融支撑能力和消费拉动能力
2023 年 3 月	文化和旅游部办公厅	《关于组织开展2023 年文化和旅游消费促进活动的通知》	围绕"五一"、中秋、"十一"、元旦等传统节日、法定节假日和暑期等旅游旺季，各地文化和旅游行政部门要广泛动员文化和旅游企事业单位，积极联动金融机构、电商平台、新媒体平台等，贯穿全年举办内容丰富、形式多样、线下线上相结合的系列促消费活动，改善消费条件，创新消费场景，优化消费环境，营造良好消费氛围，维护消费者合法权益，激发居民文化和旅游消费热情，促进消费加快恢复和产业高质量发展
2023 年 9 月	国务院办公厅	《关于释放旅游消费潜力推动旅游业高质量发展的若干措施》	激发旅游消费需求，改善旅游消费环境，完善消费惠民政策，调整优化景区管理，完善旅游交通服务，有序发展夜间经济，促进区域合作联动

3.3 旅游消费券的发放特征

在积极响应国家促消费、扩内需的政策方向指引下，多地政府已经陆续推出一系列消费支出性的激励政策，其中发放旅游消费券成为一种广泛应用的措施，吸引广大居民的广泛关注。目前，已有 31 个省份的80 多个地级市宣布发放文旅消费券，推出饭店、酒店、特色民宿、景区的满额立减、直接降价、各类折扣等多重优惠，旅游消费券发放信息汇总表见附件 3。各地发放的旅游消费券金额有较大差异，以湖北为例，2023 年中秋国庆双节假期联合携程发放武汉、宜昌等 14 个湖北地市的文旅消费券，核销金额达到千万元级别。这一系列举措旨在通过直接补贴的形式刺激居民和游客的旅游消费意愿，助力消费市场的快速回暖和内需潜力的有效释放，进而推动经济稳定增长。在进行关于旅游消费券的统计研究时，根据券面上明确标注为"旅游消费券""文旅消费券"或"文旅体消费券"的名称来进行统计。这类消费券通常直接针对文化旅游和体育相关产品的消费，其中包含旅游相关的支出，如景区门票、酒店住宿、旅游线路产品、旅行社服务、文化旅游体验项目等。旅游消费券特征汇总见表 3-2。

表 3-2　旅游消费券特征汇总表

运行方式	主要内容
宣发级别	省级：由省文化和旅游部门主导，联合多个地市发放消费券。 市级：由市文化和旅游部门主导，联合多个市区发放消费券。 区级：由区文化和旅游部门主导发放消费券
发放方式	数字消费券：主要通过电子银行、支付宝、微信等数字支付平台发放。 非数字消费券：以纸质代金卡券的形式予以发放
发放对象	定向发放：限定符合在特定的地域内、群体特性（例如大学生等）的群体。 普惠发放：不限定任何群体
有效时间	短期消费：具有较短的时效性（30 天内），只能在既定的时间期限内方可使用。 长期消费：没有具体的有效期（范围在 30 天以上一年以内），具有长期效应
补贴对象	补贴消费者：直接补贴消费者，政府、企业等按照比例各出资部分资金。 补贴企业：政府对加盟企业给予一定的补贴
补贴方式	免票：多适用于景区门票。 直抵：按照一定的折扣直接抵消部分商品费用，一般有上限控制。 满减：消费金额达到一定金额门槛时抵消部分商品费用

续表

运行方式	主要内容
使用权限	限制性条款：在有效期内，必须在规定的时间段内、对特定的项目消费。 无限制性条款：在有效期内，无特定的限制条件
行业领域	通用型：可在大部分景区、酒店、民宿、文化场所等文化和旅游领域使用。 指定型：只可在特定的景区、酒店、文化场所等文化和旅游领域使用

地方政府在实施旅游消费券政策时，灵活采用"一城一策"的精细化策略，针对本地旅游业的具体状况和市场需求，迅速制定并执行适宜的刺激方案。总体而言，地方政府在发放旅游消费券的过程中体现出以下四大特征：一是响应迅速，适应性强。特别是在 2023 年 12 月初国家公布"防疫新十条"之后，面对接踵而至的元旦、春节以及"五一"、中秋、国庆等多个重要节假日，众多地方政府表现出高效的响应能力，迅速部署旅游消费券发放计划，以求抓住时机加速旅游业在疫情后的复苏进程，并提振旅游市场的消费意愿与活力。二是目标明确，聚焦小额高频消费。发放的旅游消费券主要瞄准能快速启动并激活旅游相关的小额、频繁消费行为。体现在消费券本身的设计上，特点是券面额相对较小、使用门槛低且有效期偏短，鼓励消费者即时消费，带动旅游产业链中的餐饮、住宿、景点等业态全面发展。三是政企合作，智能化发放与管理。地方政府与各大电商平台、支付企业深度合作，通过这些平台的大数据技术和算法优势，实现消费券的精准投放、跟踪监控和智能管理。这种合作模式不仅能有效分散政府一次性投入大额财政资金的压力，还能借助市场化力量，根据实际使用情况灵活调整发放策略。四是兼顾效率与公平。在发放旅游消费券的过程中，地方政府同时关注效率和公平两个维度。在效率层面，力求消费券覆盖更多行业、服务更广泛的人群，并通过分批分期、多元化的发放方式提高使用率；在公平层面，则致力

于扩大消费券的普惠性，确保不同群体都有机会享受到政策福利，避免资源错配，以实现旅游消费刺激政策的最大社会效益。

当前，在旅游消费券政策实施过程中，确实存在一些挑战与不足。首先，尽管多地政府推出了旅游消费券计划，但其总体发放额度相对于各地区的社会消费品零售总额仍显得较为有限，这意味着旅游消费券对整体消费市场的刺激作用可能受到约束。此外，分配机制方面，通常采用的是与支付平台合作，通过摇号等方式进行发放，这种做法难以确保最需要消费支持的群体能够有效地获得并使用消费券。其次，现行的旅游消费券普遍设置了一定的满减条件，即消费者必须达到一定消费额度后才能享受抵扣优惠，这在一定程度上降低了部分消费者（尤其是低收入群体）使用消费券的积极性，因为他们可能由于消费能力受限，难以满足较高的消费门槛。核销率作为衡量消费券有效性的关键指标，显示出不同的消费券发放策略对实际效果的影响。例如，在拥有较高核销率（如 85.6%）的杭州消费券案例中，其券包结构以小额、多张为特点，这样的设计更易于被消费者接受并快速转化为实际消费行为。相比之下，那些核销率较低的消费券方案，往往包含了更多种类、但每种都有特定使用条件和品类限制的优惠券，这就使消费者实际使用到的有效券比例下降，从而影响了整体核销率。

3.4 旅游消费券的作用路径分析

政府发放旅游消费券，是为振兴旅游业、刺激民众旅游消费而采取的一种政策手段。其发挥作用的一般路径可概括为：一是刺激内需。旅游消费券的核心功能在于提供直接的价格优惠。消费者在预订旅游产品或服务时，可以凭借消费券抵扣一部分费用，这无疑能够降低他们的旅游成本，从而增强消费者的购买动力和出游意愿。旅游消费券不仅仅局限于基础的折扣功能，它还可以与其他促销活动相结合，如捆绑销售、积分兑换等，提供更多样化的优惠福利，让消费者感受到物超所值。这样不仅可以提高单个消费者的旅游消费频次和金额，还可能吸引原本犹豫不决或者消费能力有限的潜在游客参与到旅游活动中来。二是促进额外支出。消费者在享受旅游消费券带来的实惠时，不仅会选择更高品质的旅游服务，还可能会因为消费成本的相对降低而扩大消费范围，尝试更多元化的旅游项目和产品。这样就形成一个良性循环，消费者增加的支出反过来进一步促进旅游产业链各环节的发展，如酒店业、餐饮业、交通运输业以及其他旅游衍生服务业等。三是助力市场营销。旅游消费券通过创造热点话题、引发社会关注和讨论的方式，能够达到良好的市场营销效果。一旦某个旅游地点宣布发放此类消费券，便会立即引起广大消费者的密切关注和高度兴趣。通过各大媒体平台和社交网络的传播，旅游消费券的发放能够在短时间内迅速聚集人气，形成口碑效应，进一步扩大旅游消费的社会影响力。四是推动消费场景多样化。旅游消费券的推行有力地催化旅游消费场景的多元化进程。在旅游消费券的刺激下，消费者不再局限于单一的旅游模式，而是愿意尝试多元化的旅游消费场景，发掘并满足自己深层次的旅游需求。他们会更有动力去探索和体验各种不同的旅游活动与产品组合。无论是富含文化底蕴的文化旅游项目，还是让人身心放松的休闲度假之旅，抑或观赏自然风光与人文景观的景区游览，都成为消费者在权衡和选择旅游计划时的重要考量因素。这不仅可以丰富旅游市场的供给内容，使各类旅游产品与服务得以充分展示和推广，同时也为消费者提供更为广阔的选择空间和个性化的旅游体验。

3.5 本章小结

本章主要分析了我国旅游消费券发放总体情况。首先，阐述了旅游消费券发放的背景，从宏观经济调控、旅游行业复苏、旅游消费转变和数字设施发展四个角度展开说明了旅游消费券发放的必要性和时代背景。其次，系统梳理了 2019—2023 年旅游消费相关的政策，体现我国政府对旅游消费市场的健康发展给予高度重视。接下来，从宣发级别、发放方式、发放对象、有效时间等角度总结整理了各地发放的旅游消费券特征，并指出现有旅游消费券政策实施存在的一些问题。最后从消费者的角度，分析旅游消费券如何促进旅游经济的作用路径。

第四章

旅游消费券使用意愿影响机制质性分析

本书在旅游者行为的基础上扩展研究当前旅游消费券使用行为，根据理论综述对于旅游消费券相关文献的归纳，通过对政策感知、个人感知、情境因素、习惯因素以及个人特征因素的深入探讨，剖析这些因素如何交织作用并影响旅游消费券使用意愿。扎根理论作为一种系统性的质性研究方法，将有助于我们从实际案例和深度访谈中提炼核心概念，进而形成一套关于旅游消费券使用意愿的理论架构。这一理论模型不仅能够详尽描述各类因素与旅游消费券使用意愿之间的内在关系，还将明确各个变量间的因果逻辑或相关性假设，为后续的定量实证研究设计量表、验证假设、优化政策制定等提供有力的理论支撑。

4.1 旅游消费券研究变量筛选和界定

4.1.1 质性研究设计

质性研究方法是一种以实践为基础、自下而上的理论建构路径，其目的是在不预先设定严格理论框架的情况下，通过密切观察社会现象、深度互动及对话来揭示研究对象的本质特性，并可能由此创新本土化的理论体系（陈向明，2000；陈向明，2008；何吴明和郑剑虹，2019）。在探究旅游消费券使用意愿这一尚未有充分理论依据和系统研究的主题时，该方法尤为适用。具体来说，质性研究通常运用开放性观察、深度个别访谈及群体讨论等手段，同时结合历史档案、一手资料等多种文本素材。整个研究过程包含了资料收集、分析编码和理论建构三个关键环节：首先广泛收集并解析相关的文本信息，在此基础上通过一系列编码步骤，即初期的开放式编码、中期的主题（主轴）编码，直至后期的选择性编码，逐步提炼核心概念并进行分类整合。最终，研究者会尝试建立社会现象与理论概念之间的紧密联结，从而构建出一种既富洞察力又具备问题解决潜力的理论框架。本章正是遵循这一研究路径，采用了在质性研究领域具有深远影响力的扎根理论方法，以期深入、全面地探索旅游券使用意愿背后的复杂影响机制。待通过扎根理论提炼出旅游券使用意愿的理论模型之后，将进一步运用量化研究手段对大样本数据进行验证，确保理论的有效性和普适性。

扎根理论作为一种严谨且程序化的质性研究方法，在心理学、管理学、社会学以及旅游学等多个学科领域内因其严谨的科学性和高度的操作性而得到广泛应用（贾哲敏，2015）。该方法有一套完整且标准化的操作规程，可以有效地引导研究者系统地挖掘深层次的理论结构。具体的扎根理论研究步骤流程如图 4.1 所示。①明确研究主题和研究对象，确立研究范围；②实施资料和数据的系统采集工作；③进行编码分析，从中提炼出核心概念和类别关系；④利用递归抽样策略深化和完善已有的核心概念和类别体系；⑤检验理论的饱和程度，如果发现理论结构未达到饱和状态，则需追加资料并再次循环编码过程，直至理论的成熟；⑥在编码和抽样的基础上构筑起理论框架；⑦对构建完成的理论框架进行全面解读和深入分析，以确保其合理性和解释力。这套严谨的扎根理论研究流程旨在保证研究的内在一致性与外部有效性，有助于研究者逐步发展出自下而上的原创理论体系。

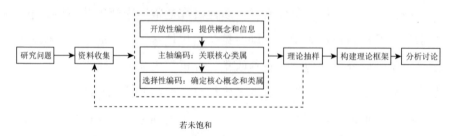

图 4.1　基于扎根理论的质性研究步骤流程

4.1.2 样本选择与资料收集

按照扎根理论的研究程序，本章采取深度访谈的方式，针对具有代表性的旅游者进行资料收集。依据理论抽样法则，访谈参与者的遴选标准限定具备本科及以上教育背景，对消费券具备基础认知与独到见解的旅游者，以及在相关领域具备深厚学识的研究专家，以此确保获取高质量的访谈素材。样本数量的确定，严格遵守理论饱和度标准，即当新加入的访谈对象提供的信息不再显著增加新的理论维度时，便停止样本扩充。研究对每一位被选中的旅游者样本进行了半结构式的深度访谈，利用面对面交流和网络视频会议等多种互动形式，围绕旅游消费券这一核心议题展开深入对话。在征得受访者同意的前提下，访谈全程进行了录音和文字记录，以确保访谈内容的真实性和完整性。为确保访谈内容覆盖全面，研究在访谈开始前制定了详细的访谈大纲，详见附录1。在访谈实施过程中，研究灵活根据访谈内容的实际进展适时添加和调整问题，确保每次访谈时间不少于30分钟。经过这一系列严谨的访谈流程，最终成功选取了11位极具代表性的旅游者样本，其基本信息见表4-1。通过这样的研究设计，本章力图准确、全面地揭示旅游券使用意愿的影响机制，并在此基础上构建坚实的理论框架。

表 4-1　受访者的基本信息

	属性	人数	占比		属性	人数	占比
性别	男	6	54.5%	年龄	18~30 岁	6	54.5%
	女	5	45.5%		31~40 岁	2	18.2%
最高学历	本科	1	9.0%		41~50 岁	2	18.2%
	硕士	5	45.5%		50 岁以上	1	9.1%
	博士	5	45.5%	居住地	北京	4	36.4%
职业	在校学生	6	54.5%		上海	2	18.2%
	企业人员	1	9.1%		广州	1	9.1%
	机关和事业人员	3	27.3%		杭州	1	9.1%
	教育科研人员	1	9.1%		三亚	1	9.1%
访谈方式	面对面	7	63.6%		石家庄	1	9.1%
	网络视频	4	36.4%		保定	1	9.1%

4.1.3 质性分析过程

遵循 Strauss 与 Corbin 提出的扎根理论编码操作步骤，本章首先执行开放性编码，即对访谈资料进行初步分类和标签化处理，识别并提取所有潜在的概念和主题。接着进行主轴编码，这是对开放性编码中出现的核心概念进行深入分析和组织的过程，寻找它们之间的关联性，并构建初步的理论主线。最后进行选择性编码，进一步提炼关键类别和核心变量，构建理论模型。为了确保编码过程的客观性和科学性，本章采取了独立编码和专家咨询相融合的方法。在对 11 份访谈内容整理成的文字原始资料中，依据目的性抽样原则，选取其中的 7 份作为主要的质性分析样本，对其进行细致的编码分析。另外 4 份的原始资料则用于进行饱和度检验分析，以检测理论框架是否达到饱和点，即新资料是否无法再产生新的理论概念或重要发现，从而确认理论建构的完备性和稳定性。

4.1.3.1 开放性编码

开放性编码是扎根理论研究方法中的第一步，它强调以开放的态度对待原始数据，不受既有理论框架限制，力求从数据本身发掘新的概念和模式（Strauss and Corbin，1990）。在这个阶段，研究者需对每一份原始访谈记录进行逐条细致的阅读与解构，从文字背后提炼出基本概念和元素，形成初步的概念标签。然后，对这些初步概念进行反复审视、对比、合并和细化，逐步建立起一系列相互关联和层级化的范畴化概念集合。在实际的编码进程中，开放性编码始于首次访谈后的数据分析阶段，研究者会根据初次提炼出的概念和范畴，指导和调整接下来的访谈内容和方向，形成一个持续迭代的过程。随着访谈的深入和更多数据的积累，研究者会不断比对、修订和完善先前的概念化成果，直到在新获取的访谈资料中无法找到新的概念或者范畴为止。这时便可认为开放性编码达到初步饱和，进而过渡到更高级别的主轴编码或选择性编码阶段。本章在表 4-2 中列举了部分具有代表性的原始访谈记录及其概念化过程，以展示开放性编码的实际操作和结果产出。

表 4-2　旅游消费券使用意愿影响因素的概念化过程和结果

访谈文本中的代表性语句	概念化
只要折扣力度够大，我肯定会优先考虑使用旅游消费券来规划我的出行。 要是不太麻烦，又能带来点便利，大家应该都挺乐意去领取和使用。 如果我想去的目的地或者我喜欢的旅游项目正好发放消费券，我会更有动力去使用。 我对旅游消费券一直不太感兴趣，没什么用的欲望，感觉还挺浪费时间的	使用意愿
如果官方平台发布的旅游消费券信誉良好，我对使用消费券的态度就会更积极。 既然消费券是政府推出的，我觉得应该不会有什么问题，至少政府的信誉在那里，使用起来还是比较放心的。 如果大部分知名的旅游服务提供商都接受这种消费券，那我觉得它是值得信赖的。 曾经遇到过一些商家不接受旅游消费券的情况，这让我对消费券的通用性产生怀疑	使用可信度
虽然消费券优惠诱人，但担心商家抬高原价或服务质量下降，我会犹豫是否使用。 对我来说，旅游消费券相当于现金补贴。 我觉得，旅游消费可遇不可求，能省下的金额也比较有限。 旅游消费券对个人经济压力的缓解和旅游行业的回暖都有明显贡献	经济价值
我记得我领完旅游消费券几乎是秒到账，直接绑定在我的账户里，下次预订时可以直接抵扣。 有时候我还会收到 App 发来的通知，告诉我有新的旅游消费券可以领取。 现在领取旅游消费券真的很方便，以前领取类似优惠券时要填一大堆信息，挺麻烦的，现在只需要简单地注册登录。 旅游消费券挺难抢的，领取数量和时间都是限定的，我就抢到过一次。 领取后，系统还会通过短信或者应用内的通知告知我已经成功领取，不用时刻担心漏领或者错失使用时机的问题。 我发现不仅可以在政府指定的平台上领取，还可以在携程、美团等常用的旅游服务平台上获取，这种多渠道发放的方式让我感觉非常便利	领取便利性

续表

访谈文本中的代表性语句	概念化
关键是看消费券能否顺利核销，不能有任何使用门槛或者暗藏的额外费用。 遇到核销问题时，客服团队响应迅速，能够及时解答疑问并协助解决。 商家在核销消费券的过程中都非常透明，他们会清楚告知我哪些服务和产品可以用券。 刚领到的旅游消费券马上就可以用，而且有效期较长，这样我就有足够的时间计划行程，不会因为赶着核销而仓促决定旅行安排。 我喜欢的是这些旅游消费券不仅可以在电商平台使用，而且在景区售票处、酒店前台甚至餐厅都可以直接出示核销	核销便利性
旅游消费券是让利于民，帮助民众降低旅游成本，鼓励更多人外出旅游的举措，我们都支持。 我觉得，旅游消费券并不能从根本上解决旅游业存在的问题，仅仅是短期刺激措施，长期效果存疑。 如果没有配套的旅游产品和服务质量提升，单纯依靠消费券可能无法形成持续的消费动力	个体态度
我当时就是被同行的朋友推荐使用的。 我开始关注并使用旅游消费券，其实是到了当地之后看到店门口有宣传活动，才发现的。 政府大力倡导使用旅游消费券，就在消费月呀、消费节呀作为福利发放给大家，我个人非常支持并积极推荐政府推出的旅游消费券政策	主观规范
我感觉有些旅游消费券指定的核销规则太复杂了，太费脑子了，懒得算。 和汽车消费券之类的相比，旅游消费券的力度太小了，领消费券获得的优惠还不够麻烦的呢。 旅游优惠券和商家的其他优惠有时不能同时用，我觉得自己弄不过来，就不用了。 我觉得我还挺享受这个过程的，可以最大限度地节省旅行开支	知觉行为控制
到了才发现，店门又小，停车还不方便，我就不想在他们家住，也谈不上再用消费券的事了。 当时我家附近的餐饮活动就在消费券的使用范围内，所以挺积极地搜了一下，一顿饭下来能省几十元钱，这种就在附近的，过去不麻烦的话，挺划算的	环境水平

续表

访谈文本中的代表性语句	概念化
我之前用过几次，整体感觉下来，商家还是很配合的。 我其实还挺担心用不用旅游消费券会让享受到的服务有差别。 旅游消费券在用的时候，对方总是会提出一些附加条件，还用小字写着，我觉得挺膈应的	服务质量
本来嘛，出去玩就是为了开心放松，但现在专门为了消费券就不能像以前那样随心所欲地享受旅途。 作为一名经常出游的消费者，我观察到旅游消费券虽然在一定程度上可以节省旅游支出，但它的使用确实受到了一些特定条件的约束。 然而，我发现在实际操作中，为了最大限度地利用这些优惠券，有时不得不做出一些妥协	舒适偏好
只要我打算预订个旅游项目或是服务，都会先习惯性地瞅一瞅有没有能薅的羊毛——也就是那些旅游消费券。毕竟，谁不喜欢省钱呢？ 这习惯已经深深烙在我这旅游达人的 DNA 里了，谁叫咱老百姓图的就是个实惠呢！ 用过之后觉得挺麻烦的，就没有用过了	过去行为
和性别应该没什么关系，还是看个人的兴趣和意愿吧。 女性可能更愿意领这类消费券吧，像是双十一满减券似的，她们总是能从中找到乐趣。 还是女生更会过日子，精打细算一点吧，我觉得女生也乐于收集这类信息，什么比价呀、哪里更便宜呀	性别
年龄太小应该不懂吧，他们不理解赚钱的辛苦，所以花钱更大手大脚一点，估计也不屑于使用。 中年人可能更愿意参与吧，小孩和老人应该参与起来都有点难度，毕竟有时候他们规则设置得太烦琐了，领取步骤也麻烦。 老年人连免费鸡蛋都会早起排队领，旅游消费券一旦知道了而且符合他们的出行的计划，应该就算是求助于他人也会想着参与吧	年龄
跟受教育程度关系不大吧，我觉得什么学历应该都会有参与的吧，这毕竟是普惠老百姓的活动。 可能受教育程度相对高点的普遍愿意参与吧，感觉这种类似社会参与活动，需要点责任感	受教育程度

续表

访谈文本中的代表性语句	概念化
如果家里有孩子的话，应该更注意节俭，大概率有条件的话，是愿意用旅游消费券的吧。 独生子女物质条件相对较好，他们的消费整体还是偏高的吧，可能不在意消费券的优惠。 作为年轻消费者，独生子女追求新鲜事物和个性化体验，热衷于紧跟潮流，是喜欢尝试消费券这种新产品的吧	家庭构成
疫情结束后，我们出去玩的频率才提高，经常至少出行2天吧。 现在有了车之后，开始到远一点的地方自驾玩儿了，比如到周边的省份呀。 最近学业压力重，没有什么时间和精力，主要就在市里稍微放松一下	旅游类型
我们一般都是一家人自己出去玩，跟团玩怕被宰，而且太受限，几点起几点到，太匆忙，累。 我一个人出游的时候比较多，在外地上学，放假同学都回家了，我大多数自己玩儿。 我跟我老婆比较享受二人时光，就我俩。 平常工作忙，确实没多少时间好好陪陪家里人，所以每逢假期或者有空的时候，我都会想着法儿地带老婆孩子出去走走，享受一家人的欢乐时光	旅游方式
主要还是放松心情，之前疫情期间憋的时间太长了。 带着孩子研学呗，我觉得边玩边学挺有意义的，既可以让孩子放松一下，又能让他们在游玩中学到知识。 趁着年轻、闲暇时间充足，确实是得多走走看看，长长见识。 对于年轻人来说，正是吸收新知识、积累人生阅历的好时机	旅游动机
每次出去还是有个大概的预算，但是玩的过程中很少计较。 大家应该都是准备充足出门的，所谓穷家富路嘛。 我觉得有钱人应该不会在意这点优惠	消费预算
在电商平台买东西是经常用满减的活动，感觉挺实惠的。 我一般是到了店里才看有没有折扣，没有的话也不会影响我的选择。 无所谓，有就用，没有我就看这个产品价格是不是能承担	消费习惯

4.1.3.2 主轴编码

主轴编码（Axial Coding）是扎根理论研究中的第二阶段，它基于前期开放性编码所提炼出的核心概念，通过分析各个概念之间的因果关系、时间顺序、逻辑关联以及相似性差异等，构建起概念间更为复杂和深入的连接网络（Strauss and Corbin，1990）。在本章中，通过对开放性编码产生的核心概念进行有机串联和关联分析，逐渐发现了旅游券使用意愿与其影响因素之间的多个关键"主轴"。通过主轴编码，本书最终梳理出七大范畴：旅游消费券使用意愿、感知有用性、感知易用性、个人感知因素、情境因素、习惯因素、个人特征变量，如表4-3所示。

表4-3　主轴编码过程和结果

主范畴	对应子范畴	范畴关系的内涵
旅游消费券使用意愿	行为意愿	旅游者为使用旅游消费券而愿意付出的努力和花费的时间
感知有用性	使用可信度	使用可信度是影响旅游消费券使用意愿的感知有用性因素
	经济价值	经济价值是影响旅游消费券使用意愿的感知有用性因素
感知易用性	领取便利性	领取便利性是影响旅游消费券使用意愿的感知易用因素
	核销便利性	核销便利性是影响旅游消费券使用意愿的感知易用性因素
个人感知因素	个体态度	个体态度是影响旅游消费券使用意愿的个人感知因素
	主观规范	主观规范是影响旅游消费券使用意愿的个人感知因素
	知觉行为控制	知觉行为控制是影响旅游消费券使用意愿的个人感知因素

续表

主范畴	对应子范畴		范畴关系的内涵
情境因素	环境水平		环境水平是影响旅游消费券使用意愿的情境因素
	服务质量		服务质量是影响旅游消费券使用意愿的情境因素
习惯因素	舒适偏好		舒适偏好是影响旅游消费券使用意愿的习惯因素
	过去行为		过去行为是影响旅游消费券使用意愿的习惯因素
个人特征变量	个人传记特征	性别	旅游消费券使用意愿在性别方面存在差异
		年龄	旅游消费券使用意愿在年龄方面存在差异
		受教育程度	旅游消费券使用意愿在受教育方面存在差异
		家庭构成	旅游消费券使用意愿在家庭构成方面存在差异
	旅游方式特征	游客类型	旅游消费券使用意愿在游客类型方面存在差异
		旅游方式	旅游消费券使用意愿在旅游方式方面存在差异
		旅游动机	旅游消费券使用意愿在旅游动机方面存在差异
	旅游者消费特征	消费预算	旅游消费券使用意愿在消费预算方面存在差异

4.1.3.3 选择性编码

选择性编码（Selective Coding）是扎根理论研究的第三阶段，在主轴编码搭建的概念网络基础上，进一步强化和提炼研究的核心主题，围绕这个主题来统一和整合全部范畴，揭示其内在联系（Strauss and Corbin，1990）。在本章中，选择性编码聚焦于"旅游消费券使用意愿影响机理"这一核心范畴，以此为主线，对主轴编码阶段识别出的七个范畴进行深入关联和整合理解。在本章中，经过系统分析和专家咨询，通过选择性编码确定各范畴间的内在联系和互动机制。具体表现为如表4-4所示。

表 4–4　选择性编码过程和结果

核心范畴	典型关系结构	关系结构的内涵
旅游消费券使用意愿影响机理	感知有用性→个人感知因素→行为意愿	感知有用性通过个体态度、主观规范和知觉行为控制等个人感知因素的中介作用影响旅游消费券使用意愿
	感知易用性→个人感知因素→行为意愿	感知易用性通过个体态度、主观规范和知觉行为控制等个人感知因素的中介作用影响旅游消费券使用意愿
	感知有用性→行为意愿	使用可信度和经济价值等感知有用性直接影响旅游消费券使用意愿
	感知易用性→行为意愿	领取便利性和核销便利性等感知易用性直接影响旅游消费券使用意愿
	情境因素→个人感知因素→行为意愿	旅游目的地的环境水平和服务质量等情境因素作为外部调节条件，影响个人感知因素作用于旅游消费券使用意愿的强度和方向
	习惯因素→个人感知因素→行为意愿	舒适偏好和过去行为等习惯因素作为内部调节条件，影响个人感知因素作用于旅游消费券使用意愿的强度和方向
	个人特征变量→行为意愿	人口传记特征、旅游方式特征和旅游者消费特征等个人特征变量直接影响旅游消费券使用意愿

4.1.3.4 饱和度检验

在不增加新数据的情况下，依据 Strauss 和 Corbin 在 1990 年的观点，理论饱和度检验是指通过分析预留存的原始资料来验证理论是否达到了饱和状态。在本章中，我们对预先保留的 4 份访谈资料进行了编码和理论饱和度检验。经过严谨分析后发现，未有新的概念和范畴从中涌现。

因此，我们可以得出结论：当前的理论范畴已经相当丰富和完善，本次定性分析的结果已然达到饱和状态，进而确认该理论结构具有稳定性和可靠性。

4.2 旅游消费券使用意愿影响机制理论模型构建与模型分析步骤

4.2.1 理论模型构建

在旅游者行为研究中，计划行为理论是一个成熟的框架，它主要用于探究态度、主观规范及知觉行为控制这三个核心要素如何共同作用于行为意向，进而影响旅游者的行为选择。然而，鉴于旅游消费券使用意愿的独特心理和社会复杂性，本章旨在通过拓展计划行为理论来增强对旅游消费券使用意愿预测和解释的有效性。研究将以下多个理论视角和变量融入扩展的模型中。参考技术接受理论及相关文献，纳入感知有用性和感知易用性归为前因变量；参考人际行为模型、态度—情境—行为理论和人际行为理论，将情境因素、习惯因素作为调节变量引入模型。同时，基于现有文献研究和专家意见，包括性别、年龄、教育水平、家庭结构等基本人口统计属性作为可能影响消费券使用意愿的背景变量；遵循旅游学理论，将旅游距离、旅游类型、旅游同伴等因素作为反映旅游方式特点的变量。

本章依托经典的计划行为理论模型，融合人际行为理论模型、规范激活理论以及态度—情境—行为理论等多种理论框架，结合丰富的既有文献研究成果，以及对旅游者和行业专家的深度访谈内容，构建出旅游券使用意愿影响因素的综合性理论模型，模型见图4.2。研究所构建的理论模型包括感知有用性、感知易用性、个人感知因素、情境因素和习惯因素，感知有用性和感知易用性通过个人感知因素间接影响旅游消费券使用意愿，个人感知因素直接作用于旅游消费券使用意愿，情境因素和习惯因素通过调节个人感知因素和使用意愿的关系作用于旅游消费券使用意愿。个人特征变量在本章中作为控制变量，揭示旅游消费券使用意愿在不同个体特性条件下的差异性表现。

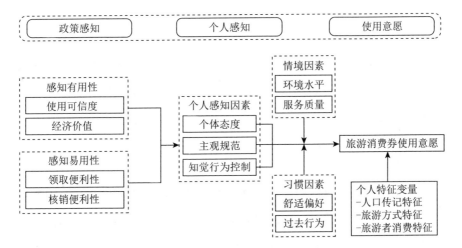

图 4.2　旅游消费券使用意愿影响机理理论模型

4.2.2 理论模型影响机理阐释

基于扎根理论的深入探究，以及结合前述构建的理论模型，本章确立了核心研究范畴——"旅游消费券使用意愿影响机理"，并围绕这一核心细分出主要范畴，分别是"感知有用性""感知易用性""个人感知因素""情境因素""习惯因素"和"个人特征变量"。这六个主范畴分别从不同维度和层面作用于旅游消费券使用意愿，其具体影响机制如下。

4.2.2.1 个人特征变量对旅游消费券使用意愿存在显著影响

在社会心理学研究中，人口统计学特征扮演着不可或缺的角色，它们揭示了个体行为差异背后的社会基础和生物基础。在旅游行为研究的具体场景下，这些特征包括但不限于性别、年龄、教育水平、家庭结构等，每一种特征都可能与旅游者的选择偏好、消费行为、目的地决策以及其他旅游相关活动紧密关联。学者们已经注意到，人口统计学特征对旅游者行为的影响具有显著性，不同群体在旅游动机、旅游频次、消费模式、目的地选择等方面表现出明显差异。在对旅游消费券使用的研究中，深度访谈揭示了除人口统计学特征之外的其他重要影响因素。受访者的反馈显示，社交关系特征（如亲友推荐、社交媒体影响等）以及旅游方式特征（如独自旅行、团体出游、家庭度假等）同样对旅游消费券的使用意愿产生影响。

4.2.2.2 政策感知因素通过个人感知因素对旅游消费券使用意愿产生间接效应

个人感知因素对旅游消费券使用意愿的形成起到关键作用，根据技术接受理论和质性研究，政策感知因素的感知易用性和感知有用性两个维度可能通过个人感知因素间接影响旅游者的使用意愿。感知易用性是指旅游者对旅游消费券获取、使用、核销等过程的便捷性、简易程度的理解与评价，当旅游者认为消费券易于获取和使用时，他们更有可能产生使用意愿。另外，感知有用性则是指旅游者对消费券所能带来的实际利益和价值的预期，如节省旅游开支、增加旅游体验等，当旅游者认为消费券具有较高的实用性时，也会增强其使用消费券的意愿。因此，这两个感知因素共同作用，通过改变旅游者的主观认知和态度，间接促进了他们对旅游消费券的使用意愿。故模型将感知易用性和感知有用性归为政策感知因素，通过个人感知因素间接作用于消费券使用意愿。

4.2.2.3 个人感知因素直接影响旅游消费券使用意愿

根据诸多行为科学理论，如计划行为理论模型和人际行为理论等，行为态度被一致视为对个体行为产生决定性影响的核心心理因素之一。在这些理论中，行为态度通常并非直接作用于个体的行为表现，而是通过中介变量——行为意向的形成和变化，间接指引和预测个体在特定情境下的行为选择。通过对访谈数据的系统梳理与深度解读，本章也关注到受访者们普遍认同个体态度在驱动其消费券使用意愿方面的关键角色。

在理性行为理论和计划行为理论中，主观规范被视为影响行为意向的一个重要因素，它体现了个体在做决策时感受到的社会压力和期望。对于旅游消费券使用意愿而言，主观规范表现为旅游者在做出是否想要使用消费券时，感受到来自社会规范、家庭成员、朋友以及其他重要社会群体的支持或反对的程度。通过深入访谈得知，旅游者在决定是否使用消费券时，往往会受到其所处社会环境以及亲密社交圈的影响。基于这些发现，研究模型将主观规范纳入了个人感知因素的范畴，因为它直接影响旅游者对消费券的使用意愿，成为驱动旅游者使用消费券的一个关键内部驱动力。

计划行为理论强调知觉行为控制是影响个体行为的重要变量，它往往通过行为意向间接影响行为决策。知觉行为控制是个体对自己在实施特定行为时所面临的难度及自身掌控能力的主观评估，是对理性行为理论的一种深化扩展。在访谈中，受访者透露，在现实生活中感知到使用旅游消费券时常会遭遇到一些挑战和阻碍。当他们感知到自己对旅游消费券的使用拥有更强的控制力，或者面对的外在制约减少时，使用消费券的意愿就会显著增强。相反地，若感知到的行为控制难度加大或受阻严重，其使用消费券的意愿则会相对减弱。因此，本章的研究模型将知觉行为控制纳入个人感知因素的范畴，以体现其在旅游者决定使用消费券时的重要心理作用。

4.2.2.4 情境因素对个人感知因素作用于旅游消费券使用意愿的路径存在调节效应

在实际生活中，个体的个体感知因素并不总是能够顺利转化为行为意向。根据态度—情境—行为理论以及"动机—机会—能力"模型的阐述，个体的行为不仅受内在态度的影响，同时也受到外部情境条件的重大制约。这些情境条件可以涵盖硬件设施、环境状况、社会规则等诸多方面，它们会在不同程度上影响个体是否能够、愿意或被迫执行某一行为。基于对访谈数据的深入挖掘和分析，本章将目的地环境水平和服务质量作为影响旅游消费券使用意愿的重要情境因素。目的地的环境条件和优质服务有利于提升旅游者对消费券使用的认同程度，在一定程度上决定了个人感知与行为意向的一致性。

4.2.2.5 习惯因素对个人感知因素作用于旅游消费券使用意愿的路径存在调节效应

基于人际行为理论和目标框架理论的视角，习惯因素在个体行为模式的形成与维持中扮演了重要角色，其展现出的惯性作用不可忽视。当个体对舒适体验的追求程度越高，以及过去的类似行为越频繁时，他们对于特定行为的自觉反思和决策过程就越少，反而更容易沿袭旧有的行为模式，促进特定行为习惯的固化。在此次访谈中，参与者们提及在旅游过程中出于便利性和舒适性的考虑，往往会对他们的消费券使用选择产生显著影响。为此，本章将舒适需求和过去行为经验纳入习惯因素范畴，以深入探究它们的调节作用，并将其作为影响旅游消费券使用意愿的一个关键维度进行考察。

4.3 理论模型研究假设

基于上述理论模型的构建与分析，本章提出如下假设：个人特征因素对旅游消费券使用意愿的差异假设、政策感知因素与个人感知因素与消费券使用意愿之间的关系假设、情境因素对个人感知因素作用于消费券使用意愿的路径调节假设、习惯因素对个人感知因素作用于消费券使用意愿的路径调节假设。

4.3.1 个人特征因素对旅游消费券使用意愿的差异假设

个人特征因素包括人口传记特征、旅游方式特征和旅游者消费特征，对各个因素进行如下假设研究：

在人口统计学传记特征中，主要包括性别、年龄、教育背景、家庭结构等变量。基于此，本书提出如下假设：

H1：旅游消费券使用意愿在其人口传记特征因素上存在显著差异

H1a：旅游消费券使用意愿在性别上存在显著差异

H1b：旅游消费券使用意愿在年龄上存在显著差异

H1c：旅游消费券使用意愿在受教育程度上存在显著差异

H1d：旅游消费券使用意愿因家庭构成的不同而存在显著差异

H2：旅游消费券使用意愿在其旅游方式特征因素上存在显著差异

H2a：旅游消费券使用意愿因旅游者类型的不同而存在显著差异

H2b：旅游消费券使用意愿因旅游方式的不同而存在显著差异

H2c：旅游消费券使用意愿因旅游动机的不同而存在显著差异

H3：旅游消费券使用意愿在其消费特征因素上存在显著差异

H3a：旅游消费券使用意愿因消费预算的不同而存在显著差异

H3b：旅游消费券使用意愿在消费习惯的不同而存在显著差异

4.3.2 个人感知因素与旅游消费券使用意愿之间的关系假设

根据多个行为理论如计划行为理论、人际行为理论和态度—情境—行为理论中，个人感知因素均被确认为影响个体行为的关键心理成分。基于此，本章提出如下假设：

H4：个体态度显著正向影响旅游消费券使用意愿

H5：主观规范显著正向影响旅游消费券使用意愿

H6：知觉行为控制显著正向影响旅游消费券使用意愿

4.3.3 个人感知因素与政策感知因素和旅游消费券使用意愿之间的关系假设

由技术接受理论延伸的政策感知因素由感知有用性和感知易用性组成，其中感知有用性细分为使用可信度和经济价值，感知易用性细分为领取便利性和核销便利性。基于此，本章提出如下假设：

H7：使用可信度对旅游消费券使用意愿有显著正向影响

H8：使用可信度显著正向影响个人感知因素

H8a：使用可信度显著正向影响个体态度

H8b：使用可信度显著正向影响主观规范

H8c：使用可信度显著正向影响知觉行为控制

H9：个人感知因素对使用可信度和旅游消费券使用意愿间的中介效应显著

H9a：个体态度对使用可信度和旅游消费券使用意愿间的中介效应显著

H9b：主观规范对使用可信度和旅游消费券使用意愿间的中介效应

显著

H9c：知觉行为控制对使用可信度和旅游消费券使用意愿间的中介效应显著

H10：经济价值对旅游消费券使用意愿有显著正向影响

H11：经济价值显著正向影响个人感知因素

H11a：经济价值显著正向影响个体态度

H11b：经济价值显著正向影响主观规范

H11c：经济价值显著正向影响知觉行为控制

H12：个人感知因素对经济价值和旅游消费券使用意愿之间的中介效应显著

H12a：个体态度对经济价值和旅游消费券使用意愿间的中介效应显著

H12b：主观规范对经济价值和旅游消费券使用意愿间的中介效应显著

h12c：知觉行为控制对经济价值和旅游消费券使用意愿间的中介效应显著

H13：领取便利性对旅游消费券使用意愿有显著正向影响

H14：领取便利性显著正向影响个人感知因素

H14a：领取便利性显著正向影响个体态度

H14b：领取便利性显著正向影响主观规范

H14c：领取便利性显著正向影响知觉行为控制

H15：个人感知因素对领取便利性和旅游消费券使用意愿之间的中介效应显著

H15a：个体态度对领取便利性和旅游消费券使用意愿之间的中介效应显著

H15b：主观规范对领取便利性和旅游消费券使用意愿之间的中介效应显著

H15c：知觉行为控制对领取便利性和旅游消费券使用意愿之间的中介效应显著

H16：核销便利性对旅游消费券使用意愿有显著正向影响

H17：核销便利性显著正向影响个人感知因素

H17a：核销便利性显著正向影响个体态度

H17b：核销便利性显著正向影响主观规范

H17c：核销便利性显著正向影响知觉行为控制

H18：个人感知因素对核销便利性和旅游消费券使用意愿之间的中介效应显著

H18a：个体态度对核销便利性和旅游消费券使用意愿之间的中介效应显著

H18b：主观规范对核销便利性和旅游消费券使用意愿之间的中介效应显著

H18c：知觉行为控制对核销便利性和旅游消费券使用意愿之间的中介效应显著

4.3.4 情境因素对个人感知因素作用于旅游消费券使用意愿的路径调节假设

依据态度—情境—行为理论及"动机—机会—能力"模型，诸如基础设施、自然环境状况等外部情境因素，对于个体的行为选择具有显著的影响作用。在此基础上，本章提出了如下假设：

H19：旅游目的地环境水平显著正向调节个人感知因素和旅游消费券使用意愿

H19a：旅游目的地环境水平显著正向调节个体态度和旅游消费券使用意愿

H19b：旅游目的地环境水平显著正向调节主观规范和旅游消费券使用意愿

H19c：旅游目的地环境水平显著正向调节知觉行为控制和旅游消费券使用意愿

H20：旅游目的地服务质量显著正向调节个人感知因素和旅游消费券使用意愿

H20a：旅游目的地服务质量显著正向调节个体态度和旅游消费券使用意愿

H20b：旅游目的地服务质量显著正向调节主观规范和旅游消费券使用意愿

H20c：旅游目的地服务质量显著正向调节知觉行为控制和旅游消费券使用意愿

4.3.5 习惯因素对个人感知因素作用于旅游消费券使用意愿的路径调节假设

根据人际行为理论，习惯的力量不容忽视，一旦某种行为被重复实践并内化为习惯，人们便会自然而然地遵循此行为模式，以寻求舒适与稳定的心理状态。基于此，针对旅游消费券的使用行为，本章从"舒适偏好"和"过去行为"两个视角出发，构建以下假设：

H21：舒适偏好显著负向调节个人感知因素和旅游消费券使用意愿的关系

H21a：舒适偏好显著负向调节个体态度和旅游消费券使用意愿的关系

H21b：舒适偏好显著负向调节主观规范和旅游消费券使用意愿的关系

H21c：舒适偏好显著负向调节知觉行为控制和旅游消费券使用意愿的关系

H22：过去行为显著正向调节个人感知因素和旅游消费券使用意愿的关系

H22a：过去行为显著正向调节个体态度和旅游消费券使用意愿的关系

H22b：过去行为显著正向调节主观规范和旅游消费券使用意愿的关系

H22c：过去行为显著正向调节知觉行为控制和旅游消费券使用意愿的关系

4.4 本章小结

本章主要采用扎根理论的质性研究方法，旨在深入探究驱动旅游消费券使用意愿背后的内在机制。在充分梳理文献资料并结合业内专家意见的基础上，研究选取了具有代表性的旅游者群体进行深度访谈，以此搜集并严格筛选出关于旅游消费券使用意愿的各种维度及其潜在影响因素。通过严谨的扎根理论分析流程，包括开放式编码、主轴编码以及选择性编码，系统剖析了各个理论范畴间相互交织的结构性关系，明确了研究的关键变量。最终，研究根据揭示出的逻辑联系架构了一个旅游消费券使用意愿影响机理的理论模型，并据此提出了五组核心研究假设。

第五章

旅游消费券使用意愿研究量表的开发与
数据收集

 本章在建立的"旅游消费券使用意愿影响机制理论模型"基础上，设计系列研究假设，并围绕这些假设对相关因素进行了量表开发。首先，详细界定各个研究变量的概念，并细致描绘量表构建的具体步骤和过程，确保量表内容能够准确反映各影响因素的本质含义。其次，通过开展初步的预调研，收集一定数量的小样本数据，对初始开发的量表进行初步检验与修订，以提高量表的内部一致性（信度）和构造效度（效度），从而形成完整的、具有良好心理测量特性的正式调查问卷。在获取全面数据集后，首先对数据进行正态性检验，确保数据符合统计分析的基本假设。其次，对量表进行严格的效度验证和可靠性检验，确保数据的可信度和研究的实用价值。

5.1 研究量表的开发和设计

本章系统梳理了国内外关于旅游者行为的广泛文献资料，其中多学科背景的学者们纷纷从社会学和心理学的不同视角出发，设计并应用各类量表深入剖析旅游者的各类行为表现。然而，针对旅游消费券使用意向这一特定领域，尚未形成统一且成熟的量化测量工具。因此，本章研究在综合考量既有的旅游行为及相关研究量表的基础上，针对性地将中英文文献中的量表元素适应性转化为适用探索旅游消费券使用意愿的专项指标体系。为了确保量表的质量和适用性，邀请行业专家及具有代表性的旅游消费者群体参与量表题目的逻辑审查与内容表述的甄别工作，以剔除潜在的歧义与不清晰之处。在完成初步修订后，研究人员在限定范围内开展了预调研活动，利用预调研问卷收集的数据对新编制量表的内部一致性（信度）以及结构效度进行了严谨的验证测试。通过对预调研结果的深度分析与反复校验，量表得到逐步优化和完善。最终，在经历多轮的反馈和调整之后，确立了正式的旅游消费券使用意愿量表。

5.1.1 变量说明与量表构成

5.1.1.1 变量说明

根据前文的假设研究，可知旅游消费券使用意愿影响机制理论模型的变量包括旅游消费券使用意愿（Tourism Consumption Vouchers Usage Intention，TCVUI）、使用可信度（Use Credibility，UC）、经济价值（Economic Value，EV）、领取便利性（Convenience of Acquiring，CA）、核销便利性（Convenicence of Verification，CV）、个体态度（Individual Attitude，IA）、主观规范（Subjective Norm，SN）、知觉行为控制（Perceived

Behavioral Control，PBC）、环境水平（Envriomental Quality，EQ）、服务质量（Service Quality，SQ）、舒适偏好（Perference of Comfort，PC）、过去行为（Past Behaivor，PB）、个人传记特征（Individual Characteristics，IC）、旅游方式特征（Tourist Characteristics，TC）、旅游者消费特征（Tourist Consumption Characteristics，TCC）。变量具体说明见表 5-1。

表 5-1　变量具体说明

变量名		变量的说明
旅游消费券使用意愿		指个体在游览的过程中，为了使用旅游消费券愿意付出的努力和花费的时间
感知有用性	使用可信度	指对旅游消费券政策执行的公开透明度、兑现承诺能力和无附加条件使用等流程的信任程度，包含发放方的公信力、兑换方的品牌实力和兑换平台的公平性
	经济价值	指对使用旅游消费券在促进旅游消费、节省开支、提振经济等方面所能带来的实际好处的认识和预期
感知易用性	领取便利性	指个体获取和领取旅游消费券的简易程度和舒适体验
	核销便利性	指个体在实际消费过程中使用和兑现旅游消费券的简易程度和效率
个人感知因素	个体态度	指个体基于对行为结果的认知评估以及价值判断从而对使用旅游消费券的积极或消极情感反应
	主观规范	指个体感知到来自重要他人或社会群体的压力，即使用旅游消费券是否符合他人的期待或遵循社会规范
	知觉行为控制	指个体对自己能否成功使用旅游消费券的感知能力或信心，涉及个体对于资源、技能、机会等内外部因素是否足以克服任何潜在障碍来实施行为的判断
情境因素	环境水平	利用设施、设备和产品所提供的服务在使用价值方面适合和满足旅游者需要的物质满足程度和心理满足程度
	服务质量	主要包括商家的配合程度、服务态度、服务效率、服务程度等方面的质量

续表

变量名		变量的说明
习惯因素	舒适偏好	相对于使用消费券而言，个体对舒适度的追求程度
	过去行为	进行决策并产生行为的习惯和重复过去某种行为的心理倾向，利用过去行为的频率反映过去行为的强度
人口特征变量	个人传记特征	包括性别、年龄、受教育程度、家庭构成等
	旅游方式特征	包括旅游者类型、旅游方式、旅游动机等
	旅游者消费特征	旅游者的消费预算和消费习惯

5.1.1.2 量表构成

在构建初始量表时，我们主要结合了两个方面的资料来源：一是通过专家咨询获取专业意见，二是通过与实际旅游者的深度访谈来理解其真实需求和感受。在这个过程中，我们还对既有文献中的相关量表进行了细致的研究与适当调整，确保量表能够适应旅游消费券使用意愿及其影响因素的研究范畴。该初始问卷的核心聚焦于旅游者对于消费券使用的意向以及那些可能产生影响的各种因素，鉴于这些影响因素具有多元性和复杂性，我们在设计题目时确保了题项内容的全面性和多样性。从前期大规模的调查研究到后期精细严谨地修订，最终形成了结构完整的初始量表。初始量表的构成如表 5-2 所示。

表 5-2　初始量表构成

变量名称	维度或因素	对应题项
个人传记特征	性别	Q16-1
	年龄	Q16-2
	受教育程度	Q16-3
	家庭构成	Q16-4~Q16-5

续表

变量名称	维度或因素	对应题项
旅游方式特征	游客类型	Q1-1~Q1-2
	旅游方式	Q1-3~Q1-4
	旅游动机	Q1-5
旅游者消费特征	消费预算	Q2-1~Q2-2
	消费习惯	Q2-3
消费券过往使用情况		Q3-1~Q3-3
旅游消费券使用意愿		Q15-1~Q15-4
感知有用性	使用可信度	Q4-1~Q4-4
	经济价值	Q5-1~Q5-4
感知易用性	领取便利性	Q6-1~Q6-4
	核销便利性	Q7-1~Q7-4
个人感知因素	个体态度	Q8-1~Q8-4
	主观规范	Q9-1~Q9-4
	知觉行为控制	Q10-1~Q10-4
旅游目的地环境质量	环境水平	Q11-1~Q11-4
	服务质量	Q12-1~Q12-4
习惯因素	舒适偏好	Q13-1~Q13-4
	过去行为	Q14-1~Q14-4

量表的具体题项设计涵盖以下几个核心要素。

（1）个人特征因素

在量化旅游者的个人特征方面，将此维度细分为两大部分。首先，问卷的第一部分（Q16-1~Q16-5）参照 Barr 等（2011）、王忠福与张利（2011）、王庆生与刘诗涵（2020）、许芳等（2020）的研究中所采用的题项设定方法，用以收集受访者的个体基本属性信息，包括性别、年龄、教育背景等人口统计学特征。在第二部分（Q1-1~Q2-3），着重关注旅游者的行为习惯和旅游特点，比如他们的旅行模式、出行方式选择以及旅游动机等内容，同时融入对旅游者消费行为特征的考量。这部分题项的设计灵感来源于徐菊凤（2006）、张郴等（2010）、肖智润等（2017）的研究成果。

（2）旅游消费券使用意愿

为了探究被试者对于旅游消费券的使用倾向，本章研究采用李克特五级量表的方式进行测量。在这一量表中，被试者需对旅游消费券使用相关的问题进行评价，评分标准设为1~5分，其中"1"代表极度不愿意使用旅游消费券，"5"则表示极其愿意使用旅游消费券。换言之，得分越高，意味着被试者在旅游过程中的使用旅游消费券意向越强烈，通过这种方式准确地把握被试者的使用旅游消费券态度及其潜在的行动倾向。

（3）政策感知因素

政策感知因素包括感知有用性和感知易用性两个变量，参考吕宛青和葛绪锋（2020）的研究量表，在对题项进行相关性修改之后，本章对其进行改写，分别设置使用可信度和经济价值、领取便利性和核销便利性四个分题项，采用李克特五级量表衡量旅游者所感知的旅游消费券的有用性和易用性。结合在质性分析的访谈中提取相关具体感知因素，具体的测量题项设置为：使用可信度包含4个题项，"4-1 我会选择商家品牌知名度较高的旅游消费券""4-2 我会选择由当地政府公开发放的旅游消费券""4-3 我会选择通过知名平台获取旅游消费券""4-4 我会选择使用消费场景多的旅游消费券"；经济价值包含4个题项，"5-1 使用旅游消费券后，我愿意调整旅游消费计划""5-2 旅游消费券的使用促使我有额外的旅游消费支出""5-3 我会优先考虑购买旅游消费券指定的商品或服务""5-4 通过旅游消费券，我能以优惠价格享受到同等质量的商品或服务"；领取便利性包含 4 个题项，"6-1 我很在意从注册到成功领取的操作流程的便捷性""6-2 我很在意旅游消费券领取平台的用户界面设计友好性""6-3 我很在意移动设备领取旅游消费券时的速度与稳定性""6-4 我很在意旅游消费券的领取通知以及更新信息推送服务的及时性"；核销便利性包含以下 4 个题项，"7-1 我很在意旅游消费券的适用范围和限制条件是否明确""7-2 我很在意对于不同旅游项目或服务提供商的核销规则是否存在较大差异""7-3 我很在意旅游消费券在支付环节能否方便快捷地抵扣消费金额""7-4 若核销失败，我很在意对相关客服或技术支持的响应速度和解决问题的能力"。

（4）个人感知因素

个人感知因素包括个体态度、主观规范、知觉行为控制三个变量。具体而言，个体态度的量表主要基于张玉玲等（2017）、芦慧等（2016）、邓梅（2013）等学者在相关领域的研究成果，本章对题项进行相关性修订，设立了三类分题项：消费观、消费券关注度以及消费券敏感度，这些题项均采用李克特五级评分量表，旨在测量被试者对旅游消费券的个人态度表现。主观规范部分的量表则是吸取陆敏等（2019）和徐林等（2017）所提出的量表设计思路，设立"参照群体"与"社会风气"两类具体题项，以期评估被试者对于旅游消费券的主观规范程度。在构建知觉行为控制量表时，参考张圆刚等（2017）的研究成果，设计两个分量表自我效能感与行为可控制性，旨在量化被试者对于旅游消费券的知觉行为控制程度。

（5）情境因素

情境因素包括目的地环境水平和质量服务两个分变量。量表的设置主要参考潘丽丽与王晓宇（2018）、杨勇（2016）以及王晓宇（2018）等的研究成果，设置环境水平和服务质量两个子量表，共 8 个题项，同样采用李克特五级量表衡量被试者对使用旅游消费券可能遇到情境的反应程度。

（6）习惯因素

习惯因素选取舒适偏好和过去行为两个分变量。具体来说，对于舒适偏好的衡量指标，依据芈凌云（2011）、杨冉冉（2016）以及 Sargeant 等（2006）的研究，形成 8 个题项。这些题项同样采用李克特五级量表评估被试者在旅游情境下对使用旅游消费券的习惯倾向。

5.1.2 预调研与量表检验

5.1.2.1 预调研实施与数据收集

本章采用的量表是在理论框架指导下，经过对文献资料的深度挖掘与质性分析整合后修订而成。为了确保量表的可靠性与有效性，先行开展一次小规模的预调研。为进行初始问卷的预调研，预调研利用在线问卷平台——问卷星作为数据采集工具，采取网络问卷调查的方式。为了扩大问卷的覆盖面和提高回收率，在微信等社交软件上通过分享链接或二维码的形式发放问卷。预调研总共 2 天，调研时间为 2023 年 12 月 9 日至 10 日，共回收了 225 份问卷，剔除其中 14 份从未使用过消费券经历的问卷，有答题时间过短（小于 30 秒）的 7 份问卷，最终获得 204 份有效问卷，即问卷发放有效率为 90.67%。在进行统计分析时，对问卷样本量的基本要求通常遵循以下基本原则：量表所需的样本数量至少应为该量表中最大分量表题项数的 5 倍，且随着样本数量的增加，量表的信度、效度等关键属性能得到更准确、更稳健的评估（吴明隆，2000）。在初始量表中，分量表题项最多的是人口传记特征量表，包含 5 个题项，因此有效样本数量应不少于 25 份。预调研的 204 份有效问卷远超 25 份，已满足统计分析对问卷样本量设定的基础标准。

5.1.2.2 预调研量表检验方法

本研究采用 SPSS 26.0 软件对预调研量表进行初始检验，包括信度与效度评估。信度检验，即可靠性检验，旨在衡量不同测试者在相同条件下（如使用同一工具）重复测量结果的一致性。李克特量表信度常以Cronbach's Alpha（α）系数表示，系数值介于 0.5~0.6 为可接受，越高代表信度越高，若超过 0.7 则表明信度极佳（Henson et al.，2001）。效度包括内容效度与结构效度。内容效度反映量表题目对研究内容的代表性采样程度，常用专家评定法，即请领域专家评判量表题目与研究内容的契合度。结构效度则衡量量表对研究理论内容的覆盖程度，包含收敛效度与区别效度，通常借助因子分析进行检验。鉴于本量表内容与结构未经前人验证，故本章采用探索性因子分析与验证性因子分析相结合的方式。为进行结构效度检验，需先通过 KMO 检验与 Bartlett 球形检验确认样本数据能否提取共同因子。据此，本章将按序对初始量表进行内容效度、信度、结构效度检验，以为后续定量研究提供科学的样本数据支持。

5.1.2.3 内容效度初步检验

本章在文献梳理与质性分析基础上，为提高量表内容效度，特邀旅游学、管理学等领域 5 位专家，对问卷量表的内容架构展开深度研讨与审校。针对量表中语义模糊、表述不清的题项进行修正或剔除，最终形成预调研问卷。

5.1.2.4 信度检验

运用 SPSS 26.0 软件对初始量表进行信度检验，检验结果如表 5-3所示。结果可知旅游消费券使用意愿、使用可信度、经济价值、领取便利性、核销便利性、个体态度、主观规范、知觉行为控制、环境水平、服务质量、舒适偏好、过去行为等这十二个变量的 Cronbach's α 系数均大于 0.7，即为量表的可信度良好。

表 5-3　初始量表各变量的信度检验结果

变量	题项数	α 系数	校正项总计相关性（CITC）
旅游消费券使用意愿（TCVUI）	4	0.866	0.694-0.735
使用可信度（UC）	4	0.839	0.634-0.709
经济价值（EC）	4	0.831	0.652-0.666
领取便利性（CA）	4	0.852	0.631-0.728
核销便利性（CV）	4	0.873	0.712-0.740
个体态度（IA）	4	0.877	0.706-0.759
主观规范（SN）	4	0.826	0.627-0.692
知觉行为控制（PBC）	4	0.849	0.659-0.718
环境水平（SQ）	4	0.859	0.686-0.723
服务质量（EQ）	4	0.840	0.650-0.703
舒适偏好（PC）	4	0.841	0.644-0.727
过去行为（PB）	4	0.924	0.806-0.838

5.1.2.5 结构效度检验——三变量的探索性因子分析

鉴于"旅游消费券使用意愿影响机理模型"涉及 6 个主变量与 22 个分变量，为兼顾分析表格的清晰呈现，本章借鉴岳婷（2014）和姚丽芬（2019）的方法，对量表进行分组结构检验。首先，对未成熟的量变实施探索性因子分析，依据因变量、自变量与调节变量进行结构效度分组检验。在该模型中，个人感知因素作为自变量影响旅游消费券使用意愿，同时作为因变量受感知有用性与感知易用性影响。为保持分析均衡，此处将个人感知因素暂归入因变量进行分析。然而，在后续路径分析中，个人感知因素将作为中介变量发挥作用，故此分类仅适用于本章节的效度检验。在此部分，因变量包括旅游消费券使用意愿与个人感知因素，自变量为感知有用性、感知易用性及其下辖的使用可信度、经济价值、领取便利性、核销便利性四项因素，调节变量则为情境因素与习惯因素。

在执行探索性因子分析之前，须运用 KMO 检验与 Bartlett's 球形检验来判断样本数据中是否存在可提取的共同因子。通常，KMO 值介于 0 至 1 之间，当其值高于 0.5 时，即认为满足进行因子分析的条件。而 Bartlett's 球形检验中，若近似卡方值较大且对应的统计显著性概率 p 值小于 0.05，则同样指示可进行因子分析。检验结果如表 5–4 所示，因变量、自变量与调节变量三组的 KMO 值均超过 0.7，且其对应的 Bartlett's 球形检验近似卡方值均超过 1000，统计显著，由此确认：经过修订的初始量表符合因子分析的各项检验标准，适宜采用因子分析方法。

表 5–4 初始量表 KMO 值和 Bartlett's 球形检验

	Kaiser–Meyer–Olkin Measure of Sampling Adequacy（KMO 值）	Bartlett's Test of Sphericity（球形检验）		
		近似卡方	df	p 值
因变量	0.845	1518.844	120	0
自变量	0.820	1490.947	120	0
调节变量	0.872	1960.719	120	0

（1）因变量探索性因子分析

本章研究的因变量为旅游消费券使用意愿及个人感知因素，涵盖 16 个题项，涉及个体态度、主观规范、知觉行为控制和旅游消费券使用意愿 4 个维度。为考察因子与研究题项对应关系，研究采用主成分分析法，并选定最大方差旋转法（Varimax）提取因子。结果如表 5–5，总方差累计解释率高达 70.43%，显示出较强的解释力。同时，因变量成功提取出的 4 个因子与研究设定的因子数量相吻合。

表 5-5　因变量初始题项因子的总方差解释率表

成分	初始特征值			平方和负荷萃取			旋转平方和负荷萃取		
	特征值	解释比率	累积比率	特征值	解释比率	累积比率	特征值	解释比率	累积比率
1	4.904	30.65%	30.65%	4.904	30.65%	30.65%	2.972	18.57%	18.57%
2	2.473	15.46%	46.11%	2.473	15.46%	46.11%	2.859	17.87%	36.44%
3	2.053	12.83%	58.94%	2.053	12.83%	58.94%	2.786	17.41%	53.86%
4	1.837	11.48%	70.43%	1.837	11.48%	70.43%	2.651	16.57%	70.43%

根据表 5-6 因变量因子负荷矩阵可知，4 个因子内部的各因子负荷均高于 0.7，即意味着研究项与因子之间具有较强的关联性，因子可以有效地提取相关信息。因变量量表的结构效度良好。

表 5-6　因变量因子负荷矩阵

名称	因子载荷系数				共同度（公因子方差）
	因子 1	因子 2	因子 3	因子 4	
IA-8-1	0.831	0.086	0.061	0.184	0.735
IA-8-2	0.844	0.152	0.014	0.131	0.753
IA-8-3	0.831	0.070	0.085	0.063	0.706
IA-8-4	0.830	0.151	0.079	0.125	0.733
TCVUI-15-1	0.147	0.803	0.025	0.209	0.710
TCVUI-15-2	0.006	0.831	0.079	0.112	0.709
TCVUI-15-3	0.184	0.842	0.051	0.055	0.748
TCVUI-15-4	0.132	0.820	0.108	0.134	0.719
PBC-10-1	0.154	0.132	0.815	0.018	0.706

续表

名称	因子载荷系数				共同度（公因子方差）
	因子1	因子2	因子3	因子4	
PBC-10-2	0.045	0.078	0.790	0.125	0.648
PBC-10-3	0.042	0.017	0.833	0.016	0.696
PBC-10-4	-0.009	0.028	0.847	0.112	0.731
SN-9-1	0.125	0.115	0.171	0.77	0.652
SN-9-2	0.047	0.125	0.131	0.825	0.715
SN-9-3	0.088	0.116	-0.027	0.805	0.670
SN-9-4	0.255	0.135	0.018	0.743	0.636

（2）自变量探索性因子分析

研究以使用可信度、经济价值、领取便利性、核销便利性为自变量，运用主成分分析（PCA）结合最大方差旋转法（Varimax）对题项进行提取。根据表5-7显示，总方差累计解释率高达69.42%，展现较强的解释力。分析提取出与研究设定一致的4个因子，验证了方法与设计的有效性。

表5-7 自变量初始题项因子的总方差解释率表

成分	初始特征值			平方和负荷萃取			旋转平方和负荷萃取		
	特征值	解释比率	累积比率	特征值	解释比率	累积比率	特征值	解释比率	累积比率
1	4.848	30.30%	30.30%	4.848	30.30%	30.30%	2.935	18.35%	18.35%
2	2.425	15.16%	45.45%	2.425	15.16%	45.45%	2.797	17.48%	35.83%
3	2.165	13.53%	58.99%	2.165	13.53%	58.99%	2.719	17.00%	52.83%
4	1.669	10.43%	69.42%	1.669	10.43%	69.42%	2.655	16.59%	69.42%

根据表5-8因子负荷矩阵表可知，4个因子内部的各因子负荷均高

于 0.7，即意味着研究项与因子之间具有较强的关联性，因子可以有效地提取相关信息。自变量量表的结构效度良好。

表 5-8　自变量初始题项的因子负荷矩阵

名称	因子载荷系数				共同度（公因子方差）
	因子 1	因子 2	因子 3	因子 4	
CV-7-1	0.835	0.007	0.065	0.067	0.707
CV-7-2	0.848	0.078	0.023	0.125	0.742
CV-7-3	0.816	0.119	0.119	0.165	0.721
CV-7-4	0.844	0.023	0.084	0.149	0.742
CA-6-1	0.110	0.851	0.049	0.072	0.744
CA-6-2	0.072	0.759	0.120	0.147	0.617
CA-6-3	0.019	0.820	0.139	0.126	0.709
CA-6-4	0.016	0.827	0.048	0.183	0.720
UC-4-1	0.037	0.087	0.825	0.018	0.689
UC-4-2	0.084	0.119	0.824	0.124	0.715
UC-4-3	0.141	0.075	0.806	0.050	0.678
UC-4-4	0.018	0.065	0.778	0.152	0.633
EC-5-1	0.068	0.096	0.037	0.822	0.690
EC-5-2	0.155	0.200	0.151	0.752	0.652
EC-5-3	0.076	0.093	0.107	0.812	0.685
EC-5-4	0.244	0.171	0.072	0.754	0.663

（3）调节变量探索性因子分析

研究将情境因素（环境质量、服务质量）与习惯因素（舒适偏好、过去行为）作为调节变量。采用主成分分析法配合最大方差旋转法提取题项信息。根据表 5-9 显示，总方差累计解释率达 72.21%，体现优秀解释力。分析提炼出与研究设定吻合的 4 个公因子，验证了方法与设计的有效性。

表 5-9 调节变量初始题项因子的总方差解释率表

成分	初始特征值			平方和负荷萃取			旋转平方和负荷萃取		
	特征值	解释比率	累积比率	特征值	解释比率	累积比率	特征值	解释比率	累积比率
1	6.683	41.77%	41.77%	6.683	41.77%	41.77%	3.025	18.91%	18.91%
2	2.207	13.80%	55.57%	2.207	13.80%	55.57%	2.949	18.43%	37.34%
3	1.880	11.75%	67.32%	1.880	11.75%	67.32%	2.900	18.12%	55.46%
4	0.783	4.89%	72.21%	0.783	4.89%	72.21%	2.680	16.75%	72.21%

根据表 5-10 因子负荷矩阵显示，4 个因子内部的各因子负荷均高于 0.6，即意味着研究项与因子之间具有较强的关联性，因子可以有效地提取相关信息。调节变量量表的结构效度良好。

表 5-10 调节变量初始题项的因子负荷矩阵

名称	因子载荷系数				共同度（公因子方差）
	因子 1	因子 2	因子 3	因子 4	
SQ-11-1	0.814	0.097	0.035	0.153	0.696
SQ-11-2	0.841	0.052	0.072	0.141	0.735
SQ-11-3	0.762	0.047	0.076	0.289	0.672
SQ-11-4	0.826	0.062	0.149	0.143	0.729
PC-13-1	0.036	0.814	0.123	0.066	0.684
PC-13-2	0.069	0.782	0.124	0.208	0.675

续表

名称	因子载荷系数				共同度（公因子方差）
	因子1	因子2	因子3	因子4	
PC-13-3	0.067	0.754	0.023	0.257	0.640
PC-13-4	0.088	0.806	0.135	0.243	0.735
EQ-12-1	0.075	0.022	0.779	0.310	0.710
EQ-12-2	0.015	0.113	0.830	0.120	0.717
EQ-12-3	0.080	0.132	0.741	0.259	0.640
EQ-12-4	0.173	0.144	0.791	0.096	0.686
PB-14-1	0.289	0.291	0.275	0.749	0.805
PB-14-2	0.281	0.289	0.269	0.769	0.826
PB-14-3	0.267	0.303	0.318	0.759	0.840
PB-14-4	0.314	0.356	0.307	0.666	0.764

5.1.3 量表修订与正式量表生成

基于上文的信度检验和效度检验，对初始问卷进行如下修订：首先，在内容效度检验部分，根据专家和被试人员的普遍反馈意见，设置"9-4 我认为使用旅游消费券符合国家所提倡的节约等社会价值观"为反向题，更改后变为"9-4 我不认为使用旅游消费券符合国家所提倡的节约等社会价值观"。其次，消费券过往使用情况题号由 3-1~3-3 调整为 1-1~1-3。最终调整后的正式问卷见附录 2，维度相对应的题号如表5-11 所示。

表 5-11　正式量表维度和对应指标题项

变量名称	维度或因素	对应题项
个人传记特征	性别	Q16-1
	年龄	Q16-2
	受教育程度	Q16-3
	家庭构成	Q16-4~Q16-5
旅游方式特征	游客类型	Q2-1~Q2-2
	旅游方式	Q2-3~Q2-4
	旅游动机	Q2-5
旅游者消费特征	消费预算	Q3-1~Q3-2
	消费习惯	Q3-3
消费券过往使用情况		Q1-1~Q1-3
旅游消费券使用意愿		Q15-1~Q15-4
感知有用性	使用可信度	Q4-1~Q4-4
	经济价值	Q5-1~Q5-4
感知易用性	领取便利性	Q6-1~Q6-4
	核销便利性	Q7-1~Q7-4
个人感知因素	个体态度	Q8-1~Q8-4
	主观规范	Q9-1~Q9-4
	知觉行为控制	Q10-1~Q10-4
旅游目的地环境质量	环境水平	Q11-1~Q11-4
	服务质量	Q12-1~Q12-4
习惯因素	舒适偏好	Q13-1~Q13-4
	过去行为	Q14-1~Q14-4

5.2 正式调研与样本概况

5.2.1 调研方案设计与数据收集

研究采用网络问卷与实地调查结合的方式。网络问卷借助问卷星平台及微信等社交软件分发传播；实地调查由全国同学、亲友协助进行。选择此方式时，考虑派员问填的优点（确保问卷真实性完整性和常用性），但其易引发社会期待效应，尤其针对敏感问题，被调查者可能受观察压力，选择符合社会期待而非真实答案。互联网匿名性可减轻该效应、提高数据真实性、降低无应答率和测量误差，故采用线上线下结合的调查方法。正式问卷发放为期2个月，从2024年1月1日至2月29日，共回收2274份问卷，剔除其中138份从未使用过消费券经历的无效问卷，有答题时间过短（小于30秒）的9份问卷，最终获得2127份有效问卷，有效率为93.54%。经过初期的统计整理，我们发现所收集到的样本数据来源广泛，涵盖全国范围内的31个省级行政区，包括各省、直辖市及自治区，详细分布情况参见表5-12。

表5-12 问卷回收区域情况

省份	数量	百分比	省份	数量	百分比
江苏	294	13.82%	四川	39	1.83%
广东	249	11.71%	陕西	36	1.69%
黑龙江	216	10.16%	安徽	36	1.69%
海南	183	8.60%	北京	33	1.55%
浙江	135	6.35%	内蒙古	24	1.13%

续表

省份	数量	百分比	省份	数量	百分比
湖南	135	6.35%	云南	15	0.71%
湖北	102	4.80%	天津	15	0.71%
上海	96	4.51%	新疆	15	0.71%
福建	78	3.67%	山东	12	0.56%
河南	60	2.82%	吉林	12	0.56%
河北	60	2.82%	贵州	12	0.56%
广西	57	2.68%	甘肃	9	0.42%
重庆	51	2.40%	宁夏	6	0.28%
山西	51	2.40%	西藏	3	0.14%
辽宁	45	2.12%	青海	3	0.14%
江西	45	2.12%	总计	2127	100%

5.2.2 样本特征分析

表 5-13 详细呈现了有效问卷在人口传记属性、旅游方式特性和旅游消费特性上的具体分布状况。共收集到的 2127 份有效问卷，在人口传记特征上的分布展现出良好的均衡性，与社会一般人群的基本构成相吻合。同时，样本在反映旅游方式与消费习惯的特征维度上，显示出高度的代表性，各项统计结果与现实生活中对旅游者行为模式的认知基本一致，未观察到任何异常分布现象。

表 5-13　旅游者特征变量描述性统计分析

人口传记特征	分类项目	人数	比例			人数	比例
				旅游方式	A. 跟团游	789	37.09%
性别	A. 男	834	39.21%		B. 半自助游	738	34.70%
	B. 女	1293	60.79%		C. 自由行	600	28.21%
年龄	A. ≤ 18 岁	156	7.33%	同行人员	A. 自己	381	17.91%
	B. 19~30 岁	918	43.16%		B. 家人	210	9.87%
	C. 31~45 岁	717	33.71%		C. 情侣	402	18.90%
	D. 46~60 岁	261	12.27%		D. 朋友	711	33.43%
	E. ≥ 61 岁	75	3.53%		E. 同事	288	13.54%
受教育程度	A. 小学及以下	72	3.39%		F. 陌生人	135	6.35%
	B. 初中	99	4.65%	旅游动机	A. 休闲娱乐	1254	58.96%
	C. 高中及中专、职业高中、技校	150	7.05%		B. 探亲访友	1506	70.80%
	D. 大专	702	33.00%		C. 商务会议	1524	71.65%
	E. 本科	678	31.88%		D. 健康医疗	1377	64.74%
	F. 硕士	426	20.03%		E. 宗教朝圣	801	37.66%
是否为独生子女	A. 是	1323	62.20%		F. 其他	138	6.49%
	B. 否	804	37.80%	旅游消费特征	分类项目	人数	比例
家庭结构	A. 单身	474	22.28%	人均旅游消费预算	A. 1000 元以下	630	29.62%
	B. 已婚，无小孩	513	24.12%		B. 1000~5000 元	954	44.85%

续表

家庭结构	C. 已婚且孩子还未成年	834	39.21%	人均旅游消费预算	C. 5001~10000 元	459	21.58%
	D. 已婚且孩子已经成年	222	10.44%		D.10000 元以上	84	3.95%
	E. 其他	84	3.95%	旅游消费支出占比	A.10% 以下	441	20.73%
旅游出游特征	分类项目	人数	比例		B. 10%~20%	321	15.09%
旅游外出距离	A. 本市跨区（县）	645	30.32%		C. 21%~30%	738	34.70%
	B. 本省跨市	498	23.41%		D. 30% 以上	627	29.48%
	C. 省外	507	23.84%	消费券、抵扣券使用	A. 每次都会	930	43.72%
	D. 国外	477	22.43%		B. 经常会	573	26.94%
旅游外出时长	A. 当天往返	684	32.16%		C. 偶尔会	255	11.99%
	B. 2~3 天	666	31.31%		D. 几乎不会	369	17.35%
	C. 4~7 天	396	18.62%				
	D.7 天以上	381	17.91%				

5.3 量表检验

5.3.1 正态性检验

在依赖问卷获取的数据基础上进行结构方程模型分析时，首要步骤是对样本数据的正态性进行验证。然而,现实中数据严格遵循正态分布的情况并不常见,故正态性检验标准通常有所放宽。依据惯例,若数据的峰度绝对值小于 10 且偏度绝对值小于 3,尽管不完全符合严格的正态分布形态,但仍可视为基本满足正态性要求,进而通过检验进入后续分析。表 5-14 展示了对本研究样本数据的正态性检验结果。经计算,量表中所有指标项目的偏度绝对值均低于 3,峰度绝对值亦未超出 10 的阈值。基于上述统计指标,本次研究判断所采集样本数据虽非绝对正态分布,但已达到可接受的正态近似程度,符合结构方程模型分析对数据正态性的一般要求,从而为后续模型构建与验证奠定坚实的基础。

表 5-14　偏度和峰度检验

分量表	名称	平均值	标准差	偏度	峰度
使用可信度	UC-4-1	3.661	1.292	-0.767	-0.501
	UC-4-2	3.677	1.251	-0.745	-0.439
	UC-4-3	3.643	1.275	-0.752	-0.457
	UC-4-4	3.673	1.229	-0.715	-0.426
经济价值	EC-5-1	3.810	1.165	-0.934	0.119
	EC-5-2	3.834	1.149	-0.989	0.300
	EC-5-3	3.835	1.171	-0.970	0.208
	EC-5-4	3.814	1.171	-0.891	0.007
领取便利性	CA-6-1	3.732	1.249	-0.867	-0.214
	CA-6-2	3.697	1.221	-0.818	-0.197
	CA-6-3	3.774	1.239	-0.836	-0.294
	CA-6-4	3.712	1.240	-0.785	-0.312

续表

分量表	名称	平均值	标准差	偏度	峰度
核销便利性	CV-7-1	3.764	1.230	-0.912	-0.061
	CV-7-2	3.764	1.210	-0.861	-0.138
	CV-7-3	3.738	1.204	-0.875	-0.05
	CV-7-4	3.793	1.179	-0.918	0.073
个体态度	IA-8-1	3.798	1.202	-0.891	-0.108
	IA-8-2	3.829	1.216	-0.947	-0.024
	IA-8-3	3.811	1.185	-0.930	0.040
	IA-8-4	3.814	1.197	-0.888	-0.100
主观规范	SN-9-1	3.757	1.200	-0.83	-0.168
	SN-9-2	3.786	1.213	-0.827	-0.241
	SN-9-3	3.790	1.172	-0.913	0.083
	SN-9-4 负向	3.795	1.202	-0.921	0.002
知觉行为控制	PBC-10-1	3.65	1.212	-0.724	-0.338
	PBC-10-2	3.678	1.274	-0.778	-0.450
	PBC-10-3	3.698	1.264	-0.772	-0.441
	PBC-10-4	3.659	1.279	-0.760	-0.473
环境水平	SQ-11-1	3.704	1.234	-0.852	-0.178
	SQ-11-2	3.714	1.206	-0.886	-0.075
	SQ-11-3	3.779	1.189	-0.816	-0.237
	SQ-11-4	3.704	1.239	-0.824	-0.264
服务质量	EQ-12-1	3.714	1.215	-0.728	-0.409
	EQ-12-2	3.667	1.274	-0.819	-0.364
	EQ-12-3	3.707	1.263	-0.806	-0.379
	EQ-12-4	3.68	1.238	-0.813	-0.246

续表

分量表	名称	平均值	标准差	偏度	峰度
舒适偏好	PC-13-1	2.214	1.183	0.937	0.111
	PC-13-2	2.116	1.156	0.981	0.194
	PC-13-3	2.206	1.158	0.947	0.228
	PC-13-4	2.197	1.185	0.945	0.114
过去行为	PB-14-1	3.824	1.096	−0.871	0.244
	PB-14-2	3.828	1.016	−0.800	0.312
	PB-14-3	3.787	1.033	−0.825	0.431
	PB-14-4	3.810	1.059	−0.934	0.569
旅游消费券使用意愿	TCVUI-15-1	3.750	1.178	−0.913	0.067
	TCVUI-15-2	3.757	1.239	−0.833	−0.288
	TCVUI-15-3	3.717	1.195	−0.781	−0.216
	TCVUI-15-4	3.719	1.223	−0.779	−0.324

5.3.2 信度检验

运用 SPSS 26.0 软件对正式量表进行信度检验，如表 5-15 所示，旅游消费券使用意愿、使用可信度、经济价值、领取便利性、核销便利性、个体态度、主观规范、知觉行为控制、环境水平、服务质量、舒适偏好、过去行为等这十二个变量的 Cronbach's α 系数均大于 0.7，即为正式量表的可信度良好。

表 5-15 信度检验

变量	题项数	α 系数	校正项总计相关性（CITC）
旅游消费券使用意愿（TCVUI）	4	0.843	0.669-0.688
使用可信度（UC）	4	0.852	0.674-0.709
经济价值（EC）	4	0.825	0.639-0.664
领取便利性（CA）	4	0.849	0.674-0.705
核销便利性（CV）	4	0.843	0.664-0.691
个体态度（IA）	4	0.848	0.658-0.712
主观规范（SN）	4	0.826	0.646-0.655
知觉行为控制（PBC）	4	0.850	0.667-0.704
环境水平（SQ）	4	0.846	0.674-0.688
服务质量（EQ）	4	0.853	0.691-0.702
舒适偏好（PC）	4	0.838	0.640-0.715
过去行为（PB）	4	0.849	0.670-0.703

5.3.3 效度检验

5.3.3.1 内容效度检验

内容效度旨在评价问卷题项与研究主题的契合程度，具体涉及题项表述的恰当性和题项数量的适宜性。本次研究的正式问卷编制遵循严谨程序：首先，基于深入的理论梳理及专家咨询与相关群体的意见反馈，确保问卷设计的理论基础扎实；其次，结合深度访谈等质性研究方法，确保问卷题项准确反映研究现象的本质特征。此外，问卷经历预调研阶段的试用与修订，经过信度与效度检验的双重验证，证明其在实际应用中展现出较高的可靠性和有效性。综上所述，研究所采用的正式问卷在内容构建的科学性、实践验证的有效性以及多轮修订的严谨性等方面均有充分保障，据此判断其具备出色的内容效度。

5.3.3.2 结构效度检验

结构效度检验将对正式量表依次进行探索性因子分析和验证性因子，按照因变量、自变量和调节变量分组进行结构效度检验。在本章中，因变量为旅游消费券使用意愿和个人感知因素，自变量为感知有用性、感知易用性及其下辖的使用可信度、经济价值、领取便利性、核销便利性四项因素，调节变量为情境因素和习惯因素。

（1）因变量探索性因子分析与验证性因子分析

鉴于正式问卷有局部调整，故须重新评估其结构效度。据表 5-16 检验结果显示，正式问卷 KMO 值为 0.853（≥ 0.5），Bartlett's 检验显著（χ^2=4644.264），证实适合因子分析。表 5-17 显示因变量总方差解释率高达 68.06%，表明因子模型解释力强。综合来看，正式问卷具有良好的结构效度。

表 5-16 因变量 KMO 值和 Bartlett's 球形检验

KMO 值		0.853
Bartlett's 球形检验	近似卡方	4644.264
	df	120
	p 值	0

表 5-17 因变量总方差贡献率

成分	初始特征值			平方和负荷萃取			旋转平方和负荷萃取		
	特征值	解释比率	累积比率	特征值	解释比率	累积比率	特征值	解释比率	累积比率
1	4.608	28.80%	28.80%	4.608	28.80%	28.80%	2.767	17.29%	17.29%

续表

成分	初始特征值			平方和负荷萃取			旋转平方和负荷萃取		
	特征值	解释比率	累积比率	特征值	解释比率	累积比率	特征值	解释比率	累积比率
2	2.296	14.35%	43.15%	2.296	14.35%	43.15%	2.758	17.24%	34.53%
3	2.101	13.13%	56.28%	2.101	13.13%	56.28%	2.728	17.05%	51.58%
4	1.885	11.78%	68.06%	1.885	11.78%	68.06%	2.637	16.48%	68.06%

如表 5-18 所示，对因变量进行因子分析提取出 4 个因子，与研究设定维度一致。各因子荷载值均 ≥ 0.7（≥ 0.5 即合格），证实划分个体态度、主观规范、知觉行为控制、旅游消费券使用意愿四个维度的科学合理性。

表 5-18　因变量探索性因子分析结果

名称	因子载荷系数				共同度（公因子方差）
	因子 1	因子 2	因子 3	因子 4	
PBC-10-1	0.791	0.113	0.117	0.11	0.664
PBC-10-2	0.817	0.017	0.082	0.155	0.698
PBC-10-3	0.820	0.082	0.079	0.087	0.694
PBC-10-4	0.829	0.054	0.081	0.108	0.708
IA-8-1	0.103	0.817	0.040	0.115	0.693
IA-8-2	0.038	0.807	0.158	0.100	0.688
IA-8-3	0.069	0.807	0.072	0.021	0.661
IA-8-4	0.051	0.837	0.070	0.103	0.718
TCVUI-15-1	0.067	0.129	0.800	0.114	0.674
TCVUI-15-2	0.100	0.021	0.822	0.066	0.691
TCVUI-15-3	0.087	0.110	0.806	0.058	0.673

续表

名称	因子载荷系数				共同度
	因子 1	因子 2	因子 3	因子 4	（公因子方差）
TCVUI-15-4	0.100	0.080	0.812	0.118	0.69
SN-9-1	0.195	0.087	0.055	0.781	0.659
SN-9-2	0.094	0.062	0.103	0.799	0.662
SN-9-3	0.077	0.074	0.109	0.797	0.658
SN-9-4 负向	0.095	0.111	0.084	0.793	0.657

为验证样本数据在预设模型结构下的适配性，研究运用 AMOS 24.0进行了验证性因子分析。鉴于测量题项稳定性对于研究至关重要，该分析步骤不可或缺。在先前的探索性因子分析明确了因变量内部结构后，验证性因子分析旨在进一步确认量表的内部结构效度。该分析核心在于考察观测变量（潜变量）与测项（显变量）间的关联强度，以验证在已知因子架构下，样本数据是否能按预期模型产生影响。如表 5-19 所示的因子载荷系数显示，因变量各因子的标准化载荷绝对值均大于 0.7 且显著性为 0，这有力证明了观测变量与测项间存在强烈相关性，表明所选测量项适于有效测量对应潜变量，从而确认量表的内部结构效度。

表 5-19　因变量因子载荷系数表格

Factor（潜变量）	测量项（显变量）	非标准载荷系数（Coef.）	标准误（Std. Error）	z（CR 值）	p	标准载荷系数（Std. Estimate）	SMC
旅游消费券使用意愿	TCVUI-15-1	1	—	—	—	0.755	0.569

续表

Factor（潜变量）	测量项（显变量）	非标准载荷系数（Coef.）	标准误（Std. Error）	z（CR 值）	p	标准载荷系数（Std. Estimate）	SMC
旅游消费券使用意愿	TCVUI-15-2	1.054	0.056	18.691	0	0.756	0.572
旅游消费券使用意愿	TCVUI-15-3	1.003	0.054	18.464	0	0.746	0.556
旅游消费券使用意愿	TCVUI-15-4	1.062	0.056	19.035	0	0.772	0.596
个体态度	IA-8-1	1	—	—	—	0.768	0.589
个体态度	IA-8-2	1.009	0.052	19.418	0	0.766	0.586
个体态度	IA-8-3	0.930	0.051	18.412	0	0.725	0.525
个体态度	IA-8-4	1.031	0.051	20.050	0	0.795	0.632
主观规范	SN-9-1	1	—	—	—	0.741	0.550
主观规范	SN-9-2	1.009	0.057	17.551	0	0.740	0.547
主观规范	SN-9-3	0.959	0.055	17.32	0	0.728	0.530
主观规范	SN-9-4 负向	0.994	0.057	17.474	0	0.736	0.541
知觉行为控制	PBC-10-1	1	—	—	—	0.742	0.551
知觉行为控制	PBC-10-2	1.095	0.058	19.012	0	0.773	0.597
知觉行为控制	PBC-10-3	1.075	0.057	18.845	0	0.765	0.585
知觉行为控制	PBC-10-4	1.113	0.058	19.224	0	0.783	0.613

为评估样本数据的聚合（收敛）效度，研究采用 AVE（平均方差萃取）和 CR（组合信度）指标进行分析。表 5-20 展示了对因变量 4 个因子及其包含的 16 个题项的聚合效度检验结果。结果显示，各因子对应的 AVE 值均大于 0.5 的标准门槛，且 CR 值均大于 0.7 的理想阈值，这明确表明本次分析数据具备优秀的聚合效度。

表 5-20　因变量聚合效度分析结果

Factor	平均方差萃取 AVE 值	组合信度 CR 值
旅游消费券使用意愿	0.573	0.843
个体态度	0.583	0.848
主观规范	0.542	0.826
知觉行为控制	0.586	0.850

区分效度评估采用 AVE 平方根值来衡量。如表 5-21 所示各因子的区分效度检验结果如下：旅游消费券使用意愿的 AVE 平方根为 0.757，明显高于其与其余三因子相关系数绝对值的最大值 0.238；个体态度的 AVE 平方根为 0.764，同样超过其与另外三因子相关系数绝对值的最大值 0.224；主观规范的 AVE 平方根达到 0.736，远超其与另三个因子间相关系数绝对值的最大值 0.295；知觉行为控制的 AVE 平方根为 0.766，亦大于其与其余因子相关系数绝对值的最大值 0.295。鉴于以上各因子 AVE 平方根值均显著大于其与其他因子相关系数绝对值的最大值，可确定因变量间具有出色的区分效度。

表 5-21　因变量区分效度分析结果

	旅游消费券使用意愿	个体态度	主观规范	知觉行为控制
旅游消费券使用意愿	0.757			

续表

	旅游消费券使用意愿	个体态度	主观规范	知觉行为控制
个体态度	0.221	0.764		
主观规范	0.238	0.224	0.736	
知觉行为控制	0.234	0.181	0.295	0.766

验证性因子分析（CFA）主要依赖一系列指标来评估模型拟合优度，包括但不限于卡方值、卡方自由度比值（CMIN/DF）、拟合良好性指数（GFI）、近似误差均方根（RMSEA）、均方根残差（RMR）、比较拟合指数（CFI）、规范拟合指数（NFI）以及非规范拟合指数（NNFI）等。鉴于本次研究样本量超过 2000 例，卡方自由度比值易因样本量大而显著增大，可能导致虚无假设在统计上被过度拒绝。因此，研究遵循吴明隆（2017）建议，结合其他适配度指标共同判断模型优劣。通常情况下，模型拟合良好的标准可设定为：GFI > 0.9，RMSEA < 0.1，RMR < 0.05，以及 CFI、NFI、NNFI 均 > 0.9。参照表 5–22 所示的模型适配指标，各项数值均满足上述标准，据此可以得出结论：因变量的模型拟合度达到良好水平。

表 5–22　因变量模型适配指标

拟合指数值	绝对拟合指数			增量拟合指数		
	GFI	RMSEA	RMR	CFI	NFI	NNFI
	0.981	0.014	0.038	0.997	0.976	0.996

2. 自变量探索性因子分析与验证性因子分析

据表 5–23，正式问卷 KMO 值为 0.877（≥ 0.5），Bartlett's 检验显著（χ^2=4760.652），证实适合因子分析。表 5–24 显示自变量总方差解释

率高达 68.05%，表明因子模型解释力强。综合来看，正式问卷具有良好的结构效度。

表 5-23　自变量 KMO 值和 Bartlett's 球形检验

KMO 值		0.877
Bartlett's 球形度检验	近似卡方	4760.652
	df	120
	p 值	0

表 5-24　自变量总方差贡献率

成分	初始特征值			平方和负荷萃取			旋转平方和负荷萃取		
	特征值	解释比率	累积比率	特征值	解释比率	累积比率	特征值	解释比率	累积比率
1	5.194	32.46%	32.46%	5.194	32.46%	32.46%	2.766	17.29%	17.29%
2	2.162	13.51%	45.98%	2.162	13.51%	45.98%	2.762	17.26%	34.55%
3	1.803	11.27%	57.24%	1.803	11.27%	57.24%	2.728	17.05%	51.60%
4	1.729	10.80%	68.05%	1.729	10.80%	68.05%	2.632	16.45%	68.05%

如表 5-25 所示，对自变量进行因子分析提取出 4 个因子，与研究设定维度一致。各因子荷载值均 ≥ 0.7（≥ 0.5 即合格），证实了划分使用可信度、经济价值、领取便利性、核销便利性四个维度的科学合理性。

表 5-25　自变量探索性因子分析结果

名称	因子载荷系数				共同度（公因子方差）
	因子 1	因子 2	因子 3	因子 4	
UC-4-1	0.824	0.146	0.081	0.104	0.718
UC-4-2	0.798	0.154	0.101	0.155	0.694

续表

名称	因子载荷系数				共同度（公因子方差）
	因子1	因子2	因子3	因子4	
UC–4–3	0.778	0.148	0.159	0.124	0.667
UC–4–4	0.809	0.134	0.100	0.111	0.695
CA–6–1	0.120	0.809	0.098	0.096	0.687
CA–6–2	0.162	0.790	0.090	0.109	0.670
CA–6–3	0.131	0.823	0.075	0.099	0.710
CA–6–4	0.156	0.803	0.062	0.125	0.688
CV–7–1	0.103	0.035	0.829	0.078	0.705
CV–7–2	0.121	0.131	0.790	0.098	0.666
CV–7–3	0.086	0.087	0.812	0.137	0.693
CV–7–4	0.110	0.069	0.789	0.151	0.662
EC–5–1	0.095	0.111	0.097	0.795	0.662
EC–5–2	0.189	0.101	0.100	0.768	0.645
EC–5–3	0.099	0.131	0.118	0.778	0.646
EC–5–4	0.097	0.081	0.150	0.800	0.678

表 5–26 验证性因子分析的因子载荷系数显示自变量的各个因子标准化载荷系数绝对值均大于 0.7 且显著性为 0，则显示观察变量与分析项之间具有较强的相关性，测量项可以用于测量该潜变量。

表 5-26　自变量因子载荷系数表格

Factor（潜变量）	测量项（显变量）	非标准载荷系数（Coef.）	标准误（Std. Error）	z（CR 值）	p	标准载荷系数（Std. Estimate）	SMC
使用可信度	UC-4-1	1	—	—	—	0.785	0.616
使用可信度	UC-4-2	0.957	0.047	20.364	0	0.776	0.602
使用可信度	UC-4-3	0.943	0.048	19.659	0	0.749	0.562
使用可信度	UC-4-4	0.925	0.046	20.033	0	0.763	0.583
经济价值	EC-5-1	1	—	—	—	0.734	0.539
经济价值	EC-5-2	0.978	0.057	17.248	0	0.728	0.53
经济价值	EC-5-3	0.994	0.058	17.216	0	0.726	0.528
经济价值	EC-5-4	1.030	0.058	17.718	0	0.753	0.567
领取便利性	CA-6-1	1	—	—	—	0.756	0.572
领取便利性	CA-6-2	0.971	0.051	18.898	0	0.751	0.564
领取便利性	CA-6-3	1.029	0.052	19.649	0	0.784	0.614
领取便利性	CA-6-4	1.008	0.052	19.291	0	0.768	0.589
核销便利性	CV-7-1	1	—	—	—	0.768	0.59
核销便利性	CV-7-2	0.955	0.051	18.793	0	0.746	0.556
核销便利性	CV-7-3	0.983	0.051	19.38	0	0.771	0.595
核销便利性	CV-7-4	0.926	0.049	18.718	0	0.742	0.551

表 5-27 展示对自变量 4 个因子及其包含的 16 个题项的聚合效度检验结果。结果显示，各因子对应的 AVE 值均大于 0.5 的标准门槛，且 CR 值均大于 0.7 的理想阈值，这明确展示出本次分析数据具备优秀的聚合效度。

表 5-27　自变量聚合效度分析结果

Factor	平均方差萃取 AVE 值	组合信度 CR 值
使用可信度	0.591	0.852
经济价值	0.541	0.825
领取便利性	0.585	0.849
核销便利性	0.573	0.843

表 5-28 的区分效度分析结果显示，每个因子的 AVE 平方根值为均大于与其他因子间相关系数绝对值的最大值。因此，自变量间具有良好的区分效度。

表 5-28　自变量区分效度分析结果

	使用可信度	经济价值	领取便利性	核销便利性
使用可信度	0.769			
经济价值	0.328	0.736		
领取便利性	0.367	0.292	0.765	
核销便利性	0.289	0.308	0.230	0.757

通常情况下，模型拟合良好的标准可设定为：GFI > 0.9，RMSEA < 0.1，RMR < 0.05，以及 CFI、NFI、NNFI 均 > 0.9。参照表 5-29 所示的模型适配指标，各项数值均满足上述标准，据此可以得出结论：自变量的模型拟合度达到良好水平。

表 5-29　自变量模型适配指标

拟合指数值	绝对拟合指数			增量拟合指数		
	GFI	RMSEA	RMR	CFI	NFI	NNFI
	0.985	0	0.032	1.003	0.982	1.003

（3）调节变量探索性因子分析与验证性因子分析

如表 5-30 所示，正式问卷 KMO 值为 0.86（ ≥ 0.5 ），Bartlett's 检验显著（ χ^2=4831.695 ），证实适合因子分析。如表 5-31 所示，调节变量总方差解释率高达 68.64%，表明因子模型解释力强。综合来看，正式问卷具有良好的结构效度。

表 5-30　调节变量 KMO 值和 Bartlett's 球形检验

KMO 值		0.86
Bartlett's 球形检验	近似卡方	4831.695
	df	120
	p 值	0

表 5-31　调节变量总方差贡献率

成分	初始特征值			平方和负荷萃取			旋转平方和负荷萃取		
	特征值	解释比率	累积比率	特征值	解释比率	累积比率	特征值	解释比率	累积比率
1	4.872	30.45%	30.45%	4.872	30.45%	30.45%	2.784	17.40%	17.40%
2	2.199	13.74%	44.19%	2.199	13.74%	44.19%	2.76	17.25%	34.65%
3	2.043	12.77%	56.96%	2.043	12.77%	56.96%	2.739	17.12%	51.76%
4	1.869	11.68%	68.64%	1.869	11.68%	68.64%	2.701	16.88%	68.64%

如表 5-32 所示，对自变量进行因子分析提取出 4 个因子，与研究设定维度一致。各因子荷载值均 ≥ 0.7（ ≥ 0.5 即合格 ），证实划分环境质量、服务质量、舒适偏好、过去行为四个维度的科学合理性。

表 5-32　调节变量探索性因子分析结果

名称	因子载荷系数				共同度
	因子 1	因子 2	因子 3	因子 4	（公因子方差）
EQ-12-1	0.819	0.081	0.106	0.050	0.692
EQ-12-2	0.825	0.114	0.073	0.084	0.705
EQ-12-3	0.817	0.102	0.068	0.095	0.691
EQ-12-4	0.813	0.095	0.119	0.071	0.690
PB-14-1	0.069	0.827	0.118	0.094	0.711
PB-14-2	0.088	0.796	0.117	0.115	0.668
PB-14-3	0.111	0.805	0.107	0.150	0.694
PB-14-4	0.134	0.803	0.082	0.129	0.686
SQ-11-1	0.072	0.093	0.814	0.089	0.684
SQ-11-2	0.128	0.053	0.813	0.116	0.694
SQ-11-3	0.089	0.181	0.805	0.070	0.693
SQ-11-4	0.081	0.096	0.806	0.098	0.675
PC-13-1	0.059	0.111	0.058	0.796	0.653
PC-13-2	0.115	0.111	0.073	0.809	0.685
PC-13-3	0.050	0.106	0.123	0.780	0.638
PC-13-4	0.076	0.146	0.117	0.827	0.725

表 5-33 验证性因子分析的因子载荷系数显示，调节变量的各个因子标准化载荷系数绝对值均大于 0.7 且显著性为 0，则显示观察变量与分析项之间具有较强的相关性，测量项可以用于测量该潜变量。

表 5-33　调节变量因子载荷系数表格

Factor （潜变量）	测量项 （显变量）	非标准载荷系数 （Coef.）	标准误 （Std. Error）	z （CR 值）	p	标准载荷系数 （Std. Estimate）	SMC
环境水平	SQ-11-1	1	—	—	—	0.756	0.571
环境水平	SQ-11-2	0.989	0.052	19.043	0	0.765	0.585
环境水平	SQ-11-3	0.985	0.051	19.206	0	0.773	0.597
环境水平	SQ-11-4	0.994	0.053	18.672	0	0.749	0.560
服务质量	EQ-12-1	1	—	—	—	0.764	0.584
服务质量	EQ-12-2	1.07	0.054	19.802	0	0.780	0.609
服务质量	EQ-12-3	1.041	0.054	19.460	0	0.766	0.586
服务质量	EQ-12-4	1.023	0.052	19.503	0	0.767	0.589
舒适偏好	PC-13-1	1	—	—	—	0.722	0.521
舒适偏好	PC-13-2	1.021	0.057	17.969	0	0.755	0.570
舒适偏好	PC-13-3	0.973	0.057	17.196	0	0.718	0.515
舒适偏好	PC-13-4	1.127	0.059	18.956	0	0.813	0.660
过去行为	PB-14-1	1	—	—	—	0.778	0.606
过去行为	PB-14-2	0.887	0.046	19.191	0	0.743	0.552
过去行为	PB-14-3	0.940	0.047	20.042	0	0.777	0.603
过去行为	PB-14-4	0.950	0.048	19.695	0	0.763	0.582

表 5-34 展示了对调节变量 4 个因子及其包含 16 个题项的聚合效度检验结果。结果显示，各因子对应的 AVE 值均大于 0.5 的标准门槛，且 CR 值均大于 0.7 的理想阈值，这明确指示了本次分析数据具备优秀的聚合效度。

表 5-34　调节变量聚合效度分析结果

Factor	平均方差萃取 AVE 值	组合信度 CR 值
环境水平	0.578	0.846
服务质量	0.592	0.853
舒适偏好	0.567	0.839
过去行为	0.586	0.850

　　表 5-35 的区分效度分析结果显示，每个因子的 AVE 平方根值为均大于与其他因子间相关系数绝对值的最大值。因此，调节变量间具有良好的区分效度。

表 5-35　调节变量区分效度分析结果

	环境水平	服务质量	舒适偏好	过去行为
环境水平	0.761			
服务质量	0.242	0.769		
舒适偏好	0.249	0.208	0.753	
过去行为	0.279	0.260	0.309	0.765

　　通常情况下，模型拟合良好的标准可设定为：GFI＞0.9，RMSEA＜0.1，RMR＜0.05，以及 CFI、NFI、NNFI 均＞0.9。参照表 5-36 所示的模型适配指标，各项数值均满足上述标准，据此可以得出结论：调节变量的模型拟合度达到良好水平。

表 5-36　调节变量模型适配指标

拟合指数值	绝对拟合指数			增量拟合指数		
	GFI	RMSEA	RMR	CFI	NFI	NNFI
	0.983	0.008	0.027	0.999	0.979	0.999

5.4 本章小结

本章节围绕旅游消费券使用意愿及其影响因素，融合文献调研、专家见解与旅游者深度访谈成果，系统开展实证研究前期的量表设计与信度效度验证工作。具体步骤如下：操作化定义与初始构建：基于文献综述与质性研究成果，明确研究因素的具体操作化定义，构建初步量表框架。预调研与量表优化：通过小规模预调研对初始量表进行信度效度检验及探索性因子分析，据此对量表进行调整与优化，最终形成正式量表。样本数据采集：采取线上与线下结合的方式，对正式问卷进行大规模正式调研，成功收集到样本数据。样本数据检验与分析：运用所得样本数据，对正式量表进行正态性检验及信度效度验证，并进一步进行探索性因子分析与验证性因子分析，旨在为后续实证分析及影响机制模型构建奠定坚实的数据基础。

第六章

旅游消费券使用意愿作用机制实证分析及修正

本章将借助 SPSS 26.0 与 AMOS 24.0 软件平台，对旅游消费券使用意愿的作用机理展开严谨的实证探讨。具体步骤如下：首步运用描述性统计方法，以直观方式呈现旅游消费券使用意愿及其各相关影响变量的当前状况，同时对个体特性变量间的差异性进行深入解析。继而，借助 SPSS 工具，对旅游消费券使用意愿与各变量之间的关联性进行量化评估，精确测定各项因素与消费券使用意愿的紧密程度，初步揭示各因素对旅游消费券使用意愿可能产生的影响趋势。依据构建的旅游消费券使用意愿作用机制模型，我们运用 AMOS 软件进一步检验消费券使用意愿意向受各影响因素的中介效应，以及情境因素与习惯因素在其中的调节功能。此环节旨在核实模型中设定的各路径假设是否得到有效支持。最后，综合上述分析结果，对旅游消费券使用意愿的作用机制模型进行必要调整与优化，旨在构建出既能准确反映现实规律，又具有理论深度的终极模型架构。

6.1 旅游消费券使用意愿描述性统计分析与差异特征研究

6.1.1 旅游消费券使用意愿现状研究

在展开对样本数据间关联性探究之前，进行描述性统计分析是至关重要的前置步骤，旨在系统性地揭示研究对象及相关变量的整体属性与基础态势。为此，研究特选定平均数、标准差以及比例等关键统计指标作为描述性分析的核心工具。

6.1.1.1 因变量的描述性统计分析

本章的因变量包括旅游消费券使用意愿、个体态度、主观规范和知觉行为控制，共计 4 个变量、16 个题项。各个因变量题项的描述性统计分析如表 6-1 所示。

表 6-1　因变量描述性统计分析

变量		平均值	标准差	名称	1	2	3	4	5	平均值	标准差
个人感知因素	IA	3.813	0.995	IA-8-1	7.05	8.89	15.37	34.56	34.13	3.798	1.203
				IA-8-2	7.62	7.76	14.95	33.43	36.25	3.829	1.217
				IA-8-3	7.05	7.76	15.80	35.83	33.57	3.811	1.185
				IA-8-4	6.77	8.60	16.22	33.29	35.12	3.814	1.198
	SN	3.782	0.97	SN-9-1	7.33	8.18	18.48	33.43	32.58	3.757	1.200
				SN-9-2	7.05	8.74	18.05	30.89	35.26	3.786	1.214
				SN-9-3	7.19	6.77	17.91	36.11	32.02	3.790	1.173
				SN-9-4	7.76	7.05	16.78	34.70	33.71	3.795	1.202

续表

变量		平均值	标准差	名称	1	2	3	4	5	平均值	标准差
个人感知因素	PBC	3.671	1.045	PBC-10-1	8.32	8.74	20.87	33.71	28.35	3.650	1.213
				PBC-10-2	9.59	9.73	15.66	33.29	31.73	3.678	1.275
				PBC-10-3	8.89	9.87	16.50	32.02	32.72	3.698	1.264
				PBC-10-4	10.01	9.31	16.64	32.86	31.17	3.659	1.280
旅游消费券使用意愿	TCVUI	3.736	0.997	TCVUI-15-1	7.76	7.19	16.78	38.79	29.48	3.75	1.178
				TCVUI-15-2	8.04	9.03	16.50	32.02	34.41	3.757	1.240
				TCVUI-15-3	7.48	8.18	20.17	33.57	30.61	3.717	1.196
				TCVUI-15-4	7.76	9.31	18.19	32.72	32.02	3.719	1.223

描述性统计的结果显示，旅游者对于旅游消费券使用意愿的感知评价比较高，TCVUI 达到 3.736。个人感知因素中的个体态度和主观规范得分均值也较高，分别 IA 达到 3.813 和 SN 达到 3.782，知觉行为控制得分均值相比之下则稍低，PBC 为 3.671。

根据描述性统计分析，有 19.79% 的消费者领取过但是最终并没有核销，所有领取过和核销过旅游消费券的游客中仅有 47% 对消费券的体验过程感到满意。其中，优惠力度、消费券的数量和使用时间的限制被认为是最能影响消费券使用的两个因素。

6.1.1.2 自变量的描述性统计分析

本章的因变量包括感知有用性和感知易用性两个主变量，具体又细分为使用可信度、经济价值、领取便利性、核销便利性，共计4个分变量、16个题项。各个自变量题项的描述性统计分析如表6-2所示。

表6-2 自变量描述性统计分析

变量		平均值	标准差	名称	1	2	3	4	5	平均值	标准差
感知有用性	UC	3.664	1.051	UC-4-1	10.30	9.59	15.51	32.86	31.73	3.661	1.293
				UC-4-2	8.74	9.73	17.91	32.30	31.31	3.677	1.252
				UC-4-3	10.30	8.60	17.91	32.86	30.32	3.643	1.276
				UC-4-4	8.04	9.73	19.75	31.88	30.61	3.673	1.229
	EC	3.823	0.943	EC-5-1	6.77	7.33	16.50	36.95	32.44	3.810	1.165
				EC-5-2	6.77	6.21	16.50	37.94	32.58	3.834	1.150
				EC-5-3	7.19	5.78	17.63	35.12	34.27	3.835	1.172
				EC-5-4	6.49	7.62	17.77	34.27	33.85	3.814	1.171

续表

变量		平均值	标准差	名称	1	2	3	4	5	平均值	标准差
感知易用性	CA	3.729	1.027	CA-6-1	9.31	7.62	16.22	34.27	32.58	3.732	1.249
				CA-6-2	8.89	7.19	19.32	34.56	30.04	3.697	1.221
				CA-6-3	7.76	9.17	16.50	31.03	35.54	3.774	1.240
				CA-6-4	8.74	7.62	20.03	30.89	32.72	3.712	1.240
	CV	3.765	0.994	CV-7-1	9.03	6.21	17.35	34.13	33.29	3.764	1.230
				CV-7-2	7.76	7.90	17.49	33.85	33.00	3.764	1.211
				CV-7-3	8.46	6.49	18.76	35.40	30.89	3.738	1.205
				CV-7-4	7.33	6.77	17.63	35.83	32.44	3.793	1.179

描述性统计的结果显示，旅游者对经济价值的感知评价比较高，EC 达到 3.823。感知易用性中的领取便利性和核销便利性得分均值也较高，分别 CA 达到 3.729 和 CV 达到 3.765，使用可信度得分均值相比之下则稍低，UC 为 3.664。

6.1.1.3 调节变量的描述性统计分析

本次研究的调节变量包括情境因素和习惯因素，有环境水平、服务质量、舒适偏好和过去行为 4 个变量，共计 16 个题项。各个自变量题项的描述性统计分析如表 6-3 所示。

表6-3 调节变量描述性统计分析

变量		平均值	标准差	名称	1	2	3	4	5	平均值	标准差
情境因素	SQ	3.725	1.007	SQ-11-1	9.45	6.91	17.91	35.26	30.47	3.704	1.235
				SQ-11-2	8.60	7.90	15.80	38.93	28.77	3.714	1.207
				SQ-11-3	6.21	10.16	16.50	33.85	33.29	3.779	1.190
				SQ-11-4	9.03	8.18	17.21	34.56	31.03	3.704	1.240
	EQ	3.692	1.04	EQ-12-1	7.05	10.30	19.04	31.45	32.16	3.714	1.216
				EQ-12-2	10.44	8.46	15.23	35.68	30.18	3.667	1.274
				EQ-12-3	9.17	9.31	15.80	33.15	32.58	3.707	1.264
				EQ-12-4	9.59	7.05	19.04	34.41	29.90	3.680	1.239
习惯因素	PC	2.183	0.96	PC-13-1	31.88	36.67	17.35	6.35	7.76	2.214	1.183
				PC-13-2	36.53	34.56	15.66	7.33	5.92	2.116	1.156
				PC-13-3	31.17	37.38	18.48	5.64	7.33	2.206	1.158
				PC-13-4	33.00	35.83	17.21	6.35	7.62	2.197	1.185

续表

变量		平均值	标准差	名称	1	2	3	4	5	平均值	标准差
习惯因素	PB	3.827	0.871	PB–14–1	5.22	6.06	19.75	37.94	31.03	3.835	1.093
				PB–14–2	3.39	6.63	20.17	41.61	28.21	3.846	1.016
				PB–14–3	4.51	4.65	22.57	41.04	27.22	3.818	1.029
				PB–14–4	5.36	4.65	21.30	41.04	27.64	3.810	1.060

描述性统计的结果显示，旅游者对于过去行为的感知评价比较高，PB 达到 3.827。情境因素中的环境水平和服务质量得分均值也较高，分别 SQ 达到 3.725 和 EQ 达到 3.692，舒适偏好得分均值相比之下则成反向，PC 为 2.183。

6.1.2 旅游消费券使用意愿差异特征研究

为考察旅游消费券使用意愿在不同控制变量条件下的差异情况，本研究主要运用独立样本 T 检验与单因素方差分析两种统计手段。具体来说：当控制变量的取值类别仅为两组（N=2）时，采用独立样本 T 检验，通过对两组均值差异的考察，来揭示旅游消费券使用意愿在该特定控制变量下所呈现出的差异性；当控制变量具有超过两组的选项（N>2）时，则选择运用单因素方差检验，以此方法探析旅游消费券使用意愿在多组控制变量条件下与连续变量之间的差异模式。

6.1.2.1 人口传记特征

（1）性别

依据表 6-4 所展示的统计检验成果，可以明确得出旅游消费券使用意愿在性别维度上存在显著差异（p 值小于 0.05）。具体表现为：女性群体在旅游消费券使用意愿上的平均得分显著高于男性群体。这主要是因为女性相比男性而言更关注成本敏感性、价值追求、计划性、细节关注、社交分享、口碑传播等。

表 6-4 旅游消费券使用意愿的性别独立样本 T 检验结果

分析项	项	样本量	平均值	标准差	平均值差值	差值95% CI	t	df	p
TCVUI	男	834	3.6	1.05	−0.23	−0.319 ~ −0.143	−5.143	1646.116	0.000**
	女	1293	3.83	0.95					
	总计	2127	3.74	1					

（2）年龄

针对年龄因素对旅游消费券使用意愿的影响，研究采用单因素方差分析，分析结果见表 6-5。结果显示，旅游消费券使用意愿在不同年龄组别间存在显著差异（p<0.05）。具体细分见表 6-6。数据显示中青年人群对于旅游消费券的使用意愿明显较高。究其原因，未成年人在旅游决策中往往扮演有限角色，且由于生活经验相对匮乏，对经济成本的认知尚不成熟，导致他们在节省开支方面的敏感度低于成年人。而成年旅游者，尤其是中青年群体，具备更丰富的生活经验和知识储备，能够更好地理解并利用旅游消费券。他们拥有更多的时间与精力去关注、获取和使用消费券信息，因此在旅游消费券使用上展现出更高的积极性。

然而，值得注意的是，45 岁以上年龄段的旅游者在消费券使用意

愿上相较于未成年人反而较低。这可能归因于 ≤ 18 岁、19~30 岁以及
31~45 岁这三个年龄段的旅游者成长于互联网普及和全球化的环境中，
他们日常生活中接触网络信息频繁，对新型消费方式如消费券的接纳度
更高。相比之下，46 岁以上人群可能由于对新技术接受度、信息获取渠
道或消费习惯等因素的影响，对旅游消费券的使用相对较少。

表 6-5　旅游消费券使用意愿的年龄单因素方差分析结果

项	差异	平方和	自由度	均方	F	p 值
TCVUI	组间	105.791	4	26.448	27.975	0.000**
	组内	2006.161	2122	0.945		
	总计	2111.952	2126			

表 6-6　旅游消费券使用意愿的年龄组间均值比较

16-2 年龄：（平均值 ± 标准差）	TCVUI
A. ≤ 18 岁	3.64 ± 1.05
B. 19~30 岁	3.88 ± 0.93
C. 31~45 岁	3.74 ± 0.97
D. 46~60 岁	3.57 ± 1.12
E. ≥ 61 岁	2.71 ± 0.84

（3）受教育程度

采用单因素方差分析方法探讨受教育程度对旅游消费券使用意愿的
差异化效应，分析结果见表 6-7。结果显示，不同教育水平的个体在旅
游消费券使用倾向上存在显著差异（p 值小于 0.05）。进一步观察各教育
层次的均值比较数据，分析结果见表 6-8。不难发现，具备大专及以上
学历的旅游者在使用旅游消费券的意愿上展现出更为积极的态度，其平

均得分高于 3.69 分。教育水平越高，旅游者对消费券的接纳与运用意愿越强烈，此类高学历旅游者通常具备更强的信息处理能力，他们在面对旅游消费券时，能够更熟练地获取、理解和运用相关信息，从而在实际应用中更加游刃有余。

表 6-7　旅游消费券使用意愿的受教育程度单因素方差分析结果

项	差异	平方和	自由度	均方	F	p 值
TCVUI	组间	36.954	5	7.391	7.555	0.000**
	组内	2074.998	2121	0.978		
	总计	2111.952	2126			

表 6-8　旅游消费券使用意愿的受教育程度组间均值比较

16-3 您的教育程度：（平均值 ± 标准差）	TCVUI
A. 小学及以下	3.29 ± 1.21
B. 初中	3.62 ± 1.00
C. 高中（包括中专、职业高中、技校）	3.51 ± 1.08
D. 大专	3.69 ± 1.00
E. 本科	3.81 ± 0.99
F. 研究生	3.88 ± 0.89

（4）家庭构成

本次研究将家庭构成细分为是否为独生子女和家庭结构 2 个分变量。不同的变量需要采用不同的检验方法，对是否为独生子女变量采用独立样本 T 检验，对家庭结构变量则要采用单因素方差分析。如表 6-9 所示，旅游消费券使用意愿在是否为独生子女变量上存在显著性差异（p<0.05）。具体而言，独生子女在旅游消费券使用意愿表现上更好（均

值为 3.79），应与其年龄相对应，独生子女出生在互联网时期，更容易
接收到更多外界信息和观念，因此消费券使用意愿更高。

表 6-9　旅游消费券使用意愿的独生子女独立样本 T 检验结果

分析项	项	样本量	平均值	标准差	平均值差值	差值95% CI	t	df	p
TCVUI	A. 是	1323	3.79	0.98	0.15	0.066 ~ 0.242	3.436	1641.417	0.001**
	B. 否	804	3.64	1.02					
	总计	2127	3.74	1					

　　如表 6-10 所示，旅游消费券使用意愿在不同家庭结构之间呈现出显
著性差异（p 值小于 0.05），可以观察到已婚无子女的群体在旅游消费券
使用意愿上整体上高于未婚群体。综合表 6-11 组间均值比较结果来看，
已婚群体，无论是无子女还是子女尚处于未成年阶段，相较于未婚群体，
普遍表现出更强的旅游消费券使用意愿，这主要是因为已婚且无子女或
子女未成年的家庭往往处于生活与职业状态相对稳定的阶段，家庭日常
支出较大且需要精细规划，因而对于诸如旅游消费券这类有助于节省开
支的工具更为看重，更倾向于利用其来优化家庭预算。相反地，已婚且
子女已成年的家庭，由于其日常开销压力相对较小，在旅游消费券使用
意愿上可能不如前述已婚群体强烈。

表 6-10　旅游消费券使用意愿的家庭结构单因素方差分析结果

项	差异	平方和	自由度	均方	F	p 值
TCVUI	组间	100.851	4	25.213	26.603	0.000**
	组内	2011.101	2122	0.948		
	总计	2111.952	2126			

表6-11　旅游消费券使用意愿的家庭结构组间均值比较

16-5 您的家庭结构:(平均值 ± 标准差)	TCVUI
A. 单身	3.69 ± 1.05
B. 已婚, 无小孩	4.02 ± 0.80
C. 已婚且孩子还未成年	3.75 ± 0.97
D. 已婚且孩子已经成年	3.28 ± 1.15
E. 其他	3.38 ± 1.05

6.1.2.2 旅游方式特征

（1）旅游者类型

关于旅游者类型的衡量，本次研究将其细分为出游距离和旅游时长 2 个分变量，均采用单因素方差分析对各个变量进行差异性研究。表 6-12 的分析结果显示，旅游者的出游距离在其旅游消费券使用意愿上存在显著性差异（p<0.05）。见表 6-13 组间均值比较显示，在旅游消费券使用意愿表现上，目的地多在本市的旅游者其旅游消费券使用意愿分值是最高，均分为 3.86。这一现象可能与本地游的特性有关，如交通成本较低、行程安排灵活、对本地优惠信息更熟悉等因素，使此类旅游者在面对旅游消费券时更愿意将其纳入消费决策之中。

表6-12　旅游消费券使用意愿的旅游目的地单因素方差分析结果

项	差异	平方和	自由度	均方	F	p 值
TCVUI	组间	17.734	3	5.911	5.993	0.000**
	组内	2094.218	2123	0.986		
	总计	2111.952	2126			

表 6-13　旅游消费券使用意愿的旅游目的地组间均值比较

2-1 您的旅游目的地多为：（平均值 ± 标准差）	TCVUI
A. 本市跨区（县）	3.86 ± 0.92
B. 本省跨市	3.68 ± 1.07
C. 省外	3.74 ± 0.98
D. 国外	3.62 ± 1.03

表 6-14 的分析结果显示，旅游者的旅游时长在其旅游消费券使用意愿上存在显著性差异（p<0.05）。表 6-15 组间均值比较显示，旅游消费券使用意愿随着外出时长增加而降低，这一现象可能是由于长时间旅行中计划复杂度上升、消费预算分散、决策灵活性降低、携带与管理负担增大以及心理预期与实际价值感知的差异等因素共同作用的结果。

表 6-14　旅游消费券使用意愿的旅游外出时长单因素方差分析结果

项	差异	平方和	自由度	均方	F	p 值
TCVUI	组间	37.172	3	12.391	12.679	0.000**
	组内	2074.779	2123	0.977		
	总计	2111.952	2126			

表 6-15　旅游消费券使用意愿的旅游外出时长组间均值比较

2-2 您旅游外出时长多为：（平均值 ± 标准差）	TCVUI
A. 当天往返	3.84 ± 0.91
B. 2~3 天	3.83 ± 0.95
C. 4~7 天	3.59 ± 1.06
D. 7 天以上	3.54 ± 1.12

（2）旅游方式

关于旅游方式的衡量，本次研究将其细分为旅游方式和同行人员2个分变量，均采用单因素方差分析对各个变量进行差异性研究。表6-16显示旅游方式对旅游消费券使用意愿影响显著（p<0.05）。表6-17中，自由行者（均分3.83）比跟团游者更倾向于使用消费券。自由行者自主性强，善于规划，主动寻找优惠以节省开支、提升体验；跟团游者受限于固定合同和团队行程，消费券使用意愿较弱。

表6-16 旅游消费券使用意愿的旅游方式单因素方差分析结果

项	差异	平方和	自由度	均方	F	p 值
TCVUI	组间	21.852	2	10.926	11.103	0.000**
	组内	2090.1	2124	0.984		
	总计	2111.952	2126			

表6-17 旅游消费券使用意愿的旅游方式组间均值比较

2-3 您旅游主要采用的方式是：(平均值 ± 标准差)	TCVUI
A. 跟团游	3.60 ± 1.06
B. 半自助游	3.80 ± 0.95
C. 自由行	3.83 ± 0.96

由表6-18的分析结果显示，同行人员在旅游者的旅游消费券使用意愿上存在显著性差异（p<0.05）。表6-19组间均值比较显示，在旅游消费券使用意愿表现上，自己旅游和与朋友同行的旅游消费券使用意愿分值普遍高于其他的旅游者。这一现象主要得益于他们在决策自主性、信息共享、社交互动、财务责任明确以及个性化需求满足等方面的独特优势，这些因素促使他们在旅行中更积极地寻找、分享和使用旅游消费券。

表6-18　旅游消费券使用意愿的同行人员单因素方差分析结果

项	差异	平方和	自由度	均方	F	p值
TCVUI	组间	27.91	5	5.582	5.681	0.000**
	组内	2084.042	2121	0.983		
	总计	2111.952	2126			

表6-19　旅游消费券使用意愿的同行人员组间均值比较

2-4 您旅游时多与谁同行:（平均值 ± 标准差）	TCVUI
A. 自己	3.83 ± 0.91
B. 家人	3.54 ± 1.04
C. 情侣	3.68 ± 1.06
D. 朋友	3.83 ± 0.96
E. 同事	3.73 ± 0.98
F. 陌生人	3.47 ± 1.12

（3）旅游动机

关于旅游动机的衡量，本次研究采用独立样本 T 检验分析对各个变量进行差异性研究。表 6-20 的分析结果显示，不同的旅游动机对旅游消费券使用意愿上不存在显著性差异。主要是由于旅游消费券本身的通用性、价值认知的一致性、消费决策的灵活性、营销推广的普适性以及旅游者消费心理与行为的共性等因素，使得各类动机的旅游者在使用消费券的意愿上趋于一致。

表 6-20　旅游消费券使用意愿的旅游目的独立样本 T 检验结果

	2-5（A. 休闲娱乐）（平均值 ± 标准差）		t	p
	0.0（n=873）	1.0（n=1254）		
TCVUI	3.74 ± 1.00	3.73 ± 1.00	0.345	0.730
	2-5（B. 探亲访友）（平均值 ± 标准差）		t	p
	0.0（n=621）	1.0（n=1506）		
TCVUI	3.76 ± 0.98	3.72 ± 1.01	0.824	0.410
	2-5（C. 商务会议）（平均值 ± 标准差）		t	p
	0.0（n=603）	1.0（n=1524）		
TCVUI	3.76 ± 0.98	3.73 ± 1.00	0.772	0.440
	2-5（D. 健康医疗）（平均值 ± 标准差）		t	p
	0.0（n=750）	1.0（n=1377）		
TCVUI	3.66 ± 1.04	3.78 ± 0.97	−2.672	0.008**
	2-5（E. 宗教朝圣）（平均值 ± 标准差）		t	p
	0.0（n=1326）	1.0（n=801）		
TCVUI	3.73 ± 1.00	3.75 ± 0.99	−0.339	0.735
	2-5（F. 其他）（平均值 ± 标准差）		t	p
	0.0（n=1989）	1.0（n=138）		
TCVUI	3.73 ± 1.00	3.79 ± 0.96	−0.702	0.483

6.1.2.3 旅游者消费特征

如表 6-21 所示，旅游消费券使用意愿在不同单次人均旅游消费预算之间呈现出显著性差异（p 值小于 0.05）。表 6-22 组间均值比较显示，可以观察到旅游消费券使用意愿随人均旅游消费预算升高而降低，主要是由于高预算旅游者在消费观念、优惠幅度、消费券适用性、时间与精力成本以及已有会员特权等方面的原因，导致他们对使用旅游消费券的意愿相对较低。

表 6-21　旅游消费券使用意愿的人均预算单因素方差分析结果

项	差异	平方和	自由度	均方	F	p 值
TCVUI	组间	25.246	3	8.415	8.562	0.000**
	组内	2086.706	2123	0.983		
	总计	2111.952	2126			

表 6-22　旅游消费券使用意愿的旅游目的地组间均值比较

3-1 您通常单次人均旅游消费预算是多少:（平均值 ± 标准差）	TCVUI
A. 1000 元以下	3.87 ± 0.92
B. 1000~5000 元	3.73 ± 0.99
C. 5001~10000 元	3.62 ± 1.09
D. 10000 元以上	3.45 ± 0.94

如表 6-23 所示，旅游消费券使用意愿在不同旅游消费支出占年收入比例之间呈现出显著性差异（p 值小于 0.05）。表 6-24 组间均值比较显示，可以观察到旅游消费券使用意愿整体随旅游消费支出占年收入比例升高而升高，主要是由于旅游者在面临较高旅游支出占比时，对节省开支、价格敏感度提升、预算管理需求增强、心理预期与消费行为调整以及特定消费观念的影响，导致他们更积极地寻求并使用旅游消费券来优化旅行消费。

表 6–23　旅游消费券使用意愿的旅游消费支出占比单因素方差分析结果

项	差异	平方和	自由度	均方	F	p 值
TCVUI	组间	28.324	3	9.441	9.62	0.000**
	组内	2083.628	2123	0.981		
	总计	2111.952	2126			

表 6–24　旅游消费券使用意愿的旅游消费支出占比组间均值比较

3–2 您计划的旅游消费支出占年收入的大概比例是多少：(平均值 ± 标准差)	TCVUI
A. 10% 以下	3.51 ± 1.10
B. 10%~20%	3.76 ± 0.91
C. 21%~30%	3.82 ± 0.98
D. 30% 以上	3.78 ± 0.96

如表 6–25 所示，旅游消费券使用意愿在不同过往消费券、抵扣券使用频率之间呈现出显著性差异（p 值小于 0.05）。表 6–26 组间均值比较显示，可以观察到旅游消费券使用意愿整体随过往消费券、抵扣券使用频率降低而降低，主要是由于低频使用旅游者使用习惯与经验不足、信任与认知问题、消费决策过程差异、信息获取与更新不及时以及消费观念与偏好的影响，导致这类旅游者在面对旅游消费券时，使用意愿相对较低。

表 6–25　旅游消费券使用意愿的消费券、抵扣券使用情况单因素方差分析结果

项	差异	平方和	自由度	均方	F	p 值
TCVUI	组间	36.129	3	12.043	12.317	0.000**
	组内	2075.823	2123	0.978		
	总计	2111.952	2126			

表 6-26　旅游消费券使用意愿的消费券、抵扣券使用情况占比组间均值比较

3-3 在购物前，您是否会计算使用消费券、抵扣券后的实际花费，确保充分利用优惠：（平均值 ± 标准差）	TCVUI
A. 每次都会	3.83 ± 0.92
B. 经常会	3.80 ± 0.97
C. 偶尔会	3.59 ± 1.02
D. 几乎不会	3.50 ± 1.14

6.2 旅游消费券使用意愿各因素变量间的相关性分析

相关性分析是大致衡量两个及两个以上变量间的相关密切程度，是进行深入检验分析的基础。本节利用 Pearson 相关系数对各变量进行变量间的相关性分析，具体旅游消费券使用意愿意向和个人感知因素与自变量、调节变量之间的相关密切程度见表 6-27 和表 6-28。

表 6-27　自变量与因变量相关关系检验（将中介变量纳入因变量）

	TCVUI	IA	SN	PBC	UC	EC	CA	CV
TCVUI	1							
IA	0.221**	1						
SN	0.238**	0.224**	1					
PBC	0.234**	0.181**	0.295**	1				
UC	0.243**	0.151**	0.284**	0.234**	1			
EC	0.228**	0.185**	0.276**	0.286**	0.328**	1		
CA	0.265**	0.211**	0.311**	0.244**	0.367**	0.292**	1	
CV	0.223**	0.200**	0.298**	0.227**	0.289**	0.308**	0.230**	1

表6-28　因变量与调节变量相关关系检验（将中介变量纳入因变量）

	TCVUI	IA	SN	PBC	SQ	EQ	PC	PB
TCVUI	1							
IA	0.221**	1						
SN	0.238**	0.224**	1					
PBC	0.234**	0.181**	0.295**	1				
SQ	0.270**	0.167**	0.246**	0.272**	1			
EQ	0.237**	0.225**	0.217**	0.265**	0.242**	1		
PC	−0.223**	−0.192**	−0.265**	−0.278**	−0.249**	−0.208**	1	
PB	0.269**	0.250**	0.275**	0.314**	0.286**	0.259**	−0.294**	1

6.2.1 旅游消费券使用意愿与其影响因素之间的相关性分析

旅游消费券使用意愿（TCVUI）分别与个人感知因素、自变量和调节变量之间的相关性检验结果显示：

旅游消费券使用意愿（TCVUI）与个体态度（IA）、主观规范（SN）、知觉行为控制（PBC）呈现为显著正相关。对于自变量，旅游消费券使用意愿（TCVUI）分别与使用可信度（UC）、经济价值（EC）、领取便利性（CA）、核销便利性（CV）为显著正相关。对于调节变量，旅游消费券使用意愿（TCVUI）分别与环境水平（EQ）、服务质量（SQ）、过去行为（PB）呈显著正相关。旅游消费券使用意愿（TCVUI）与习惯因素的舒适偏好（PC）呈显著负相关。

6.2.2 个人态度与其影响因素之间的相关性分析

个体态度（IA）与自变量和调节变量之间的相关性检验结果显示：

对于自变量，个体态度（IA）分别与使用可信度（UC）、经济价值（EC）、领取便利性（CA）、核销便利性（CV）为显著正相关。对于调节变量，个体态度（IA）分别与环境水平（EQ）、服务质量（SQ）、过去行为（PB）呈显著正相关。个体态度（IA）与习惯因素的舒适偏好（PC）呈显著负相关。

6.2.3 主观规范与其影响因素之间的相关性分析

主观规范（SN）与自变量和调节变量之间的相关性检验结果显示：

对于自变量，主观规范（SN）分别与使用可信度（UC）、经济价值（EC）、领取便利性（CA）、核销便利性（CV）为显著正相关。对于调节变量，主观规范（SN）分别与环境水平（EQ）、服务质量（SQ）、过去行为（PB）呈显著正相关。主观规范（SN）与习惯因素的舒适偏好（PC）呈显著负相关。

6.2.4 知觉行为控制与其影响因素之间的相关性分析

知觉行为控制（PBC）与自变量和调节变量之间的相关性检验结果显示：

对于自变量，知觉行为控制（PBC）分别与使用可信度（UC）、经济价值（EC）、领取便利性（CA）、核销便利性（CV）为显著正相关。对于调节变量，知觉行为控制（PBC）分别与环境水平（EQ）、服务质量（SQ）、过去行为（PB）呈显著正相关。知觉行为控制（PBC）与习惯因素的舒适偏好（PC）呈显著负相关。

6.3 旅游消费券使用意愿及其影响因素的直接效应分析

根据旅游消费券使用意愿影响机理理论模型，自变量是使用可信度（UC）、经济价值（EC）、领取便利性（CA）、核销便利性（CV），中介变量为个体态度（IA）、主观规范（SN）、知觉行为控制（PBC），因变量为旅游消费券使用意愿。为了验证旅游消费券使用意愿的中介效应，首先需要利用 AMOS 24.0 软件构建结构方程模型对直接效应进行检验，分别检验各变量间的直接效应。

6.3.1 自变量作用于旅游消费券使用意愿的效应分析

利用 AMOS 24.0 检验自变量中的使用可信度（UC）、经济价值（EC）、领取便利性（CA）、核销便利性（CV）作用于旅游消费券使用意愿的模型适配程度。表 6–29 的模型适配指标显示，各指标均基本符合标准，综合来看，自变量作用于旅游消费券使用意愿的模型拟合度可以接受。

表 6–29　自变量作用于旅游消费券使用意愿的结构方程拟合指标

拟合指数	绝对拟合指数			增量拟合指数		
	GFI	RMSEA	RMR	CFI	NFI	NNFI
数值	0.978	0.031	0.035	0.982	0.973	0.978

表 6–30 的路径分析结果显示，使用可信度（UC）、经济价值（EC）、领取便利性（CA）、核销便利性（CV）对旅游消费券使用意愿的作用路径标准化估计值在 99.9% 置信水平下明显显著（p<0.001）。

表 6-30　自变量作用于旅游消费券使用意愿的路径分析表

X	→	Y	非标准化回归系数	标准化回归系数	SE	z（CR 值）	p
使用可信度	→	旅游消费券使用意愿	0.101	0.116	0.026	3.922	0.000**
经济价值	→	旅游消费券使用意愿	0.118	0.115	0.030	3.910	0.000**
领取便利性	→	旅游消费券使用意愿	0.174	0.186	0.027	6.468	0.000**
核销便利性	→	旅游消费券使用意愿	0.126	0.135	0.026	4.868	0.000**

6.3.2 自变量作用于个人感知因素的效应分析

6.3.2.1 自变量作用于个体态度的效应分析

利用 AMOS 24.0 检验自变量中的使用可信度（UC）、经济价值（EC）、领取便利性（CA）、核销便利性（CV）作用于个体态度（IA）的模型适配程度。表 6-31 的模型适配指标显示，各指标均基本符合标准，综合来看，自变量作用于个体态度（IA）的模型拟合度可以接受。

表 6-31　自变量作用于个体态度的结构方程拟合指标

拟合指数	绝对拟合指数			增量拟合指数		
	GFI	RMSEA	RMR	CFI	NFI	NNFI
数值	0.978	0.030	0.034	0.983	0.974	0.980

表 6-32 的路径分析结果显示，经济价值（EC）、领取便利性（CA）、核销便利性（CV）对个体态度（IA）的作用路径标准化估计值显著

（p<0.001）。但使用可信度（UC）对个体态度（IA）的作用路径标准化估计值不显著（P>0.05）。

表 6-32　自变量作用于个体态度的路径分析表

X	→	Y	非标准化回归系数	标准化回归系数	SE	z（CR值）	p
使用可信度	→	个体态度	0.016	0.017	0.027	0.574	0.566
经济价值	→	个体态度	0.110	0.103	0.032	3.436	0.001
领取便利性	→	个体态度	0.160	0.165	0.029	5.625	0.000**
核销便利性	→	个体态度	0.144	0.148	0.028	5.220	0.000**

6.3.2.2 自变量作用于主观规范的效应分析

利用 AMOS 24.0 检验自变量中的使用可信度（UC）、经济价值（EC）、领取便利性（CA）、核销便利性（CV）作用于主观规范（SN）的模型适配程度。表 6-33 的模型适配指标显示，各指标均基本符合标准，综合来看，自变量作用于主观规范（SN）的模型拟合度可以接受。

表 6-33　自变量作用于主观规范的结构方程拟合指标

拟合指数	绝对拟合指数			增量拟合指数		
	GFI	RMSEA	RMR	CFI	NFI	NNFI
数值	0.974	0.035	0.036	0.977	0.968	0.973

表 6-34 的路径分析结果显示，使用可信度（UC）、经济价值（EC）、领取便利性（CA）、核销便利性（CV）对主观规范（SN）的作用路径标准化估计值在 99.9% 置信水平下明显显著（p<0.001）。

表 6-34 自变量作用于主观规范的路径分析表

X	→	Y	非标准化回归系数	标准化回归系数	SE	z（CR 值）	p
使用可信度	→	主观规范	0.107	0.122	0.025	4.224	0.000**
经济价值	→	主观规范	0.141	0.137	0.030	4.779	0.000**
领取便利性	→	主观规范	0.200	0.214	0.027	7.540	0.000**
核销便利性	→	主观规范	0.194	0.207	0.026	7.544	0.000**

6.3.2.3 自变量作用于知觉行为控制的效应分析

利用 AMOS 24.0 检验自变量中的使用可信度（UC）、经济价值（EC）、领取便利性（CA）、核销便利性（CV）作用于知觉行为控制（PBC）的模型适配程度。表 6-35 的模型适配指标显示，各指标均基本符合标准，综合来看，自变量作用于知觉行为控制（PBC）的模型拟合度可以接受。

表 6-35 自变量作用于知觉行为控制的结构方程拟合指标

拟合指数	绝对拟合指数			增量拟合指数		
	GFI	RMSEA	RMR	CFI	NFI	NNFI
数值	0.978	0.031	0.034	0.982	0.974	0.979

表 6-36 的路径分析结果显示，使用可信度（UC）对知觉行为控制（PBC）的作用路径标准化估计值在 99.9% 置信水平下明显显著（$p < 0.001$）。经济价值（EC）、领取便利性（CA）、核销便利性（CV）对知觉行为控制（PBC）的作用路径标准化估计值在 99.9% 置信水平下明显显著（$p < 0.001$）。

表 6-36　自变量作用于知觉行为控制的路径分析表

X	→	Y	非标准化回归系数	标准化回归系数	SE	z（CR 值）	p
使用可信度	→	知觉行为控制	0.081	0.091	0.026	3.092	0.002
经济价值	→	知觉行为控制	0.222	0.211	0.031	7.151	0.000**
领取便利性	→	知觉行为控制	0.134	0.141	0.027	4.957	0.000**
核销便利性	→	知觉行为控制	0.116	0.122	0.026	4.445	0.000**

6.3.3 个人感知因素作用于旅游消费券使用意愿的效应分析

利用 AMOS 24.0 检验自变量中的个体态度（IA）、主观规范（SN）、知觉行为控制（PBC）作用于旅游消费券使用意愿的模型适配程度。表 6-37 的模型适配指标显示，各指标均基本符合标准，综合来看，个人感知因素作用于旅游消费券使用意愿的模型拟合度可以接受。

表 6-37　个人感知因素作用于旅游消费券使用意愿的结构方程拟合指标

拟合指数	绝对拟合指数			增量拟合指数		
	GFI	RMSEA	RMR	CFI	NFI	NNFI
数值	0.981	0.034	0.038	0.983	0.976	0.979

表 6-38 的路径分析结果显示，个体态度（IA）、主观规范（SN）、知觉行为控制（PBC）对旅游消费券使用意愿的作用路径标准化估计值在 99.9% 置信水平下明显显著（p<0.001）。

表 6-38　个人感知因素作用于旅游消费券使用意愿的路径分析表

X	→	Y	非标准化回归系数	标准化回归系数	SE	z（CR值）	p
个体态度	→	旅游消费券使用意愿	0.17	0.177	0.025	6.770	0.000**
主观规范	→	旅游消费券使用意愿	0.176	0.176	0.028	6.274	0.000**
知觉行为控制	→	旅游消费券使用意愿	0.174	0.176	0.027	6.485	0.000**

6.4 旅游消费券使用意愿及其影响因素的中介检验分析

根据旅游消费券使用意愿影响机理理论模型，感知有用性和感知易用性为自变量，个人感知因素为中介变量，旅游消费券使用意愿为因变量。为验证旅游消费券使用意愿的中介效应，本章运用 AMOS 24.0 构建结构方程模型进行检测，针对各变量间中介效应分别进行检验。常用的中介效应检验包括 Baron 等（1986）及温忠麟等（2004）提出的因果逐步回归、系数乘积法、Sobel 检验法以及不对称置信区间法（如 Bootstrap 法和乘积分布法）。鉴于 Mackinnon 等（2004）和方杰等（2012）指出 Bootstrap 法在适应多种样本、对分布包容性、置信区间精确度及统计功效上的优势，本章选取 Bootstrap 法，依次评估总效应、间接效应和直接效应，以确定中介效应的存在及其类型。

6.4.1 自变量、中介变量（个体态度）与旅游消费券使用意愿的关系假设检验

采用 AMOS 24.0，对样本数据进行等概率、有放回的 2000 次重复抽

样，设定 95% 置信区间，运用极大似然法检验中介变量（个体态度）对各自变量及旅游消费券使用意愿的中介效应。若置信区间不含 0，则效应显著，否则反之（方杰等，2012）。中介效应检验结果见表 6-39 与表 6-40，其中表 6-39 的方程拟合度表明模型可接受。

表 6-39　自变量、中介变量（个体态度）与因变量的全方程拟合结果

拟合指数	绝对拟合指数			增量拟合指数		
	GFI	RMSEA	RMR	CFI	NFI	NNFI
数值	0.971	0.032	0.037	0.977	0.966	0.973

根据表 6-40 的检验结果，感知有用性中的使用可信度虽然总效应和直接效应是显著的，但是中介效应的置信区间含 0，因此使用可信度通过个体态度影响旅游消费券使用意愿的中介效应并不存在。相反地，经济价值、领取便利性、核销便利性的总效应和直接效应显著，中介效应的置信区间不含 0，因此经济价值、领取便利性、核销便利性通过个体态度影响旅游消费券使用意愿的部分中介效应存在。

表 6-40　自变量、中介变量（个体态度）与因变量的中介效应检验结果
（95% 置信区间）

项	c 总效应	a	b	a*b 中介效应值	a*b （Boot SE）	a*b （z 值）	a*b （p 值）	a*b （95% BootCI）	c' 直接效应	检验结论
UC=>IA =>TCVUI	0.108**	0.029	0.137**	0.004	0.003	1.135	0.256	-0.002 ~ 0.011	0.104**	中介不显著
EC=>IA =>TCVUI	0.112**	0.099**	0.137**	0.014	0.004	3.387	0.001	0.006 ~ 0.021	0.099**	部分中介

续表

项	c	a	b	a*b	a*b	a*b	a*b	a*b	c'	检验
	总效应			中介效应值	（Boot SE）	（z值）	（p值）	（95%BootCI）	直接效应	结论
CA=>IA =>TCVUI	0.160**	0.138**	0.137**	0.019	0.005	4.065	0	0.011～0.029	0.141**	部分中介
CV=>IA =>TCVUI	0.120**	0.130**	0.137**	0.018	0.004	4.082	0	0.010～0.027	0.102**	部分中介

6.4.2 自变量、中介变量（主观规范）与旅游消费券使用意愿的关系假设检验

中介变量（主观规范）作用于各个自变量和旅游消费券使用意愿的中介效应检验结果如表6-41、表6-42所示。表6-41的方程拟合度显示模型可以接受。

表6-41　自变量、中介变量（主观规范）与因变量的全方程拟合结果

拟合指数	绝对拟合指数			增量拟合指数		
	GFI	RMSEA	RMR	CFI	NFI	NNFI
数值	0.969	0.034	0.037	0.973	0.962	0.968

根据表6-42的检验结果，使用可信度、经济价值、领取便利性、核销便利性的总效应和直接效应显著，中介效应的置信区间不含0，因此经济价值、领取便利性、核销便利性通过主观规范影响旅游消费券使用意愿的部分中介效应存在。

157

表 6-42　自变量、中介变量（主观规范）与因变量的中介效应检验结果
（95% 置信区间）

项	c 总效应	a	b	a*b 中介效应值	a*b （Boot SE）	a*b （z 值）	a*b （p 值）	a*b （95% BootCI）	c' 直接效应	检验结论
UC=>SN =>TCVUI	0.108**	0.112**	0.112**	0.013	0.004	3.184	0.001	0.006 ~ 0.022	0.095**	部分中介
EC=>SN =>TCVUI	0.112**	0.129**	0.112**	0.014	0.004	3.822	0	0.007 ~ 0.022	0.098**	部分中介
CA=>SN =>TCVUI	0.160**	0.177**	0.112**	0.020	0.005	4.05	0	0.012 ~ 0.030	0.140**	部分中介
CV=>SN =>TCVUI	0.120**	0.177**	0.112**	0.020	0.005	4.138	0	0.011 ~ 0.030	0.100**	部分中介

6.4.3 自变量、中介变量（知觉行为控制）与旅游消费券使用意愿的关系假设检验

中介变量（知觉行为控制）作用于各个自变量和旅游消费券使用意愿的中介效应检验结果如表 6-43、表 6-44 所示。表 6-43 的方程拟合度显示模型可以接受。

表 6-43　自变量、中介变量（知觉行为控制）与因变量的全方程拟合结果

拟合指数	绝对拟合指数			增量拟合指数		
	GFI	RMSEA	RMR	CFI	NFI	NNFI
数值	0.972	0.031	0.035	0.977	0.967	0.974

根据表 6-44 的检验结果，使用可信度、经济价值、领取便利性、核销便利性的总效应和直接效应显著，中介效应的置信区间不含 0，因此

经济价值、领取便利性、核销便利性通过知觉行为控制影响旅游消费券使用意愿的部分中介效应存在。

表6-44　自变量、中介变量（知觉行为控制）与因变量的中介效应检验结果
（95% 置信区间）

项	c 总效应	a	b	a*b 中介效应值	a*b （Boot SE）	a*b （z值）	a*b （p值）	a*b （95% BootCI）	c' 直接效应	检验结论
UC=>PBC =>TCVUI	0.108**	0.093**	0.120**	0.011	0.004	2.949	0.003	0.005 ~ 0.020	0.096**	部分中介
EC=>PBC =>TCVUI	0.112**	0.202**	0.120**	0.024	0.005	4.843	0	0.014 ~ 0.034	0.088**	部分中介
CA=>PBC =>TCVUI	0.160**	0.132**	0.120**	0.016	0.004	3.789	0	0.009 ~ 0.026	0.144**	部分中介
CV=>PBC =>TCVUI	0.120**	0.120**	0.120**	0.014	0.004	3.733	0	0.008 ~ 0.023	0.105**	部分中介

6.5 调节效应的检验

依据旅游消费券使用意愿影响机理理论模型，情境因素与习惯因素被视为个人感知因素与旅游消费券使用意愿间的调节变量。调节效应的检验方法取决于自变量与调节变量类型。若二者皆为类别变量，采用双因素交互效应的方差分析；若两者同为连续变量，或一为类别变量另一为连续变量，则采用多层次回归分析（温忠麟等，2005），鉴于本章自变量与调节变量均为连续变量，故选用分层回归分析法检测调节效应。首先对自变量与解释变量进行中心化处理，继而在形成的含交互项模型中进行检验，若加入交互项后回归模型系数显著，表明存在调节作用

（温忠麟等，2012）。

6.5.1 情境因素的调节效应检验

6.5.1.1 环境水平的调节效应检验

（1）环境水平对个体态度和旅游消费券使用意愿的调节效应

如表 6-45 所示的调节效应检验结果揭示，环境水平对个体态度与旅游消费券使用意愿间的调节效应未达显著水平，这意味着环境水平未能对个体态度与旅游消费券使用意愿之间的关联产生调节效应。

表 6-45　环境水平对个体态度和旅游消费券使用意愿的调节效应

	模型 1	模型 2	模型 3
常数	3.736**	3.736**	3.730**
	−177.222	−180.725	−175.934
IA	0.222**	0.177**	0.178**
	−10.460	−8.307	−8.351
EQ		0.189**	0.189**
		−9.265	−9.279
IA*EQ			0.025
			−1.246
R^2	0.049	0.086	0.087
调整 R^2	0.049	0.085	0.085
F 值	$F_{(1, 2125)}$ =109.404, p=0.000	$F_{(2, 2124)}$ =99.811, p=0.000	$F_{(3, 2123)}$ =67.075, p=0.000

（2）环境水平对主观规范和旅游消费券使用意愿的调节效应

如表 6-46 所示的调节效应检验结果揭示，环境水平对主观规范与旅游消费券使用意愿间的调节效应在95%的置信水平上显著（p<0.05），且 SN*EQ 为 0.046>0，这意味着环境水平正向对主观规范与旅游消费券使用意愿之间的关联产生调节效应。

表 6-46　环境水平对主观规范和旅游消费券使用意愿的调节效应

	模型 1	模型 2	模型 3
常数	3.736**	3.736**	3.726**
	−177.921	−181.387	−176.893
SN	0.244**	0.201**	0.199**
	−11.272	−9.223	−9.147
EQ		0.187**	0.187**
		−9.198	−9.233
SN*EQ			0.046*
			−2.246
R^2	0.056	0.093	0.095
调整 R^2	0.056	0.092	0.093
F 值	F（1，2125）=127.057，p=0.000	F（2，2124）=108.326，p=0.000	F（3，2123）=74.037，p=0.000

（3）环境水平对知觉行为控制和旅游消费券使用意愿的调节效应

如表 6-47 所示的调节效应检验结果揭示，环境水平对知觉行为控制与旅游消费券使用意愿间的调节效应在99%的置信水平上显著（p<0.01），且 PBC*EQ 为 0.075>0，这意味着环境水平正向对知觉行为控制与旅游消费券使用意愿之间的关联产生调节效应。

表 6-47　环境水平对知觉行为控制和旅游消费券使用意愿的调节效应

	模型 1	模型 2	模型 3
常数	3.736**	3.736**	3.714**
	−177.746	−180.888	−174.708
PBC	0.223**	0.175**	0.179**
	−11.074	−8.54	−8.734
EQ		0.181**	0.187**
		−8.763	−9.06
PBC*EQ			0.075**
			−4.064
R^2	0.055	0.088	0.095
调整 R^2	0.054	0.087	0.093
F 值	$F_{(1, 2125)}$ =122.635, p=0.000	$F_{(2, 2124)}$ =101.899, p=0.000	$F_{(3, 2123)}$ =73.935, p=0.000

6.5.1.2 服务质量的调节效应检验

（1）服务质量对个体态度和旅游消费券使用意愿的调节效应

如表 6-48 所示的调节效应检验结果揭示，服务质量对个体态度与旅游消费券使用意愿间的调节效应未达显著水平，这意味着服务质量未能对个体态度与旅游消费券使用意愿之间的关联产生调节效应。

表 6-48　服务质量对个体态度和旅游消费券使用意愿的调节效应

	模型 1	模型 2	模型 3
常数	3.736**	3.736**	3.733**
	−177.222	−182.617	−179.731

续表

	模型 1	模型 2	模型 3
IA	0.222**	0.182**	0.182**
	−10.46	−8.712	−8.72
SQ		0.237**	0.236**
		−11.504	−11.424
IA*SQ			0.015
			−0.681
R^2	0.049	0.105	0.105
调整 R^2	0.049	0.104	0.104
F 值	F（1, 2125）=109.404, p=0.000	F（2, 2124）=124.255, p=0.000	F（3, 2123）=82.971, p=0.000

（2）服务质量对主观规范和旅游消费券使用意愿的调节效应

如表 6-49 所示的调节效应检验结果揭示，服务质量对主观规范与旅游消费券使用意愿间的调节效应未达显著水平，这意味着服务质量未能对主观规范与旅游消费券使用意愿之间的关联产生调节效应。

表 6-49　服务质量对主观规范和旅游消费券使用意愿的调节效应

	模型 1	模型 2	模型 3
常数	3.736**	3.736**	3.726**
	−177.921	−182.536	−176.707
SN	0.244**	0.187**	0.188**
	−11.272	−8.599	−8.622
SQ		0.223**	0.223**
		−10.615	−10.623

续表

	模型 1	模型 2	模型 3
SN*SQ			0.042
			−1.959
R^2	0.056	0.104	0.106
调整 R^2	0.056	0.103	0.104
F 值	F（1, 2125）=127.057, p=0.000	F（2, 2124）=123.204, p=0.000	F（3, 2123）=83.525, p=0.000

（3）服务质量对知觉行为控制和旅游消费券使用意愿的调节效应

如表 6-50 所示的调节效应检验结果揭示，服务质量对知觉行为控制与旅游消费券使用意愿间的调节效应在 99% 的置信水平上显著（p<0.01），且 PBC*SQ 为 0.134>0，这意味着服务质量正向对知觉行为控制与旅游消费券使用意愿之间的关联产生调节效应。

表 6-50　服务质量对知觉行为控制和旅游消费券使用意愿的调节效应

	模型 1	模型 2	模型 3
常数	3.736**	3.736**	3.698**
	−177.746	−182.185	−175.146
PBC	0.223**	0.165**	0.163**
	−11.074	−8.094	−8.066
SQ		0.221**	0.223**
		−10.415	−10.656
PBC*SQ			0.134**
			−6.602
R^2	0.055	0.100	0.119

续表

	模型 1	模型 2	模型 3
调整 R^2	0.054	0.100	0.117
F 值	F（1, 2125） =122.635, p=0.000	F（2, 2124） =118.654, p=0.000	F（3, 2123） =95.220, p=0.000

6.5.2 习惯因素的调节效应检验

6.5.2.1 舒适偏好的调节效应检验

（1）舒适偏好对个体态度和旅游消费券使用意愿的调节效应

如表 6–51 所示的调节效应检验结果揭示，舒适偏好对个体态度与旅游消费券使用意愿间的调节效应在 99% 的置信水平上显著（p<0.01），且 IA*PC 为 –0.111<0，这意味着舒适偏好负向对个体态度与旅游消费券使用意愿之间的关联产生调节效应。

表 6–51　舒适偏好对个体态度和旅游消费券使用意愿的调节效应

	模型 1	模型 2	模型 3
常数	3.736**	3.736**	3.716**
	–177.222	–180.403	–177.409
IA	0.222**	0.186**	0.192**
	–10.460	–8.755	–9.103
PC		–0.194**	–0.192**
		（–8.830）	（–8.773）
IA*PC			–0.111**
			（–5.234）
R^2	0.049	0.083	0.094

续表

	模型 1	模型 2	模型 3
调整 R^2	0.049	0.082	0.093
F 值	F（1，2125）=109.404，p=0.000	F（2，2124）=95.671，p=0.000	F（3，2123）=73.706，p=0.000

（2）舒适偏好对主观规范和旅游消费券使用意愿的调节效应

如表 6-52 所示的调节效应检验结果揭示，舒适偏好对主观规范与旅游消费券使用意愿间的调节效应在 99% 的置信水平上显著（p<0.01），且 SN*PC 为 –0.109<0，这意味着舒适偏好负向对主观规范与旅游消费券使用意愿之间的关联产生调节效应。

表 6-52　舒适偏好对主观规范和旅游消费券使用意愿的调节效应

	模型 1	模型 2	模型 3
常数	3.736**	3.736**	3.709**
	–177.921	–180.520	–173.999
SN	0.244**	0.197**	0.202**
	–11.272	–8.917	–9.155
PC		–0.178**	–0.176**
		（–7.972）	（–7.903）
SN*PC			–0.109**
			（–4.868）
R^2	0.056	0.084	0.094
调整 R^2	0.056	0.083	0.093
F 值	F（1，2125）=127.057，p=0.000	F（2，2124）=97.177，p=0.000	F（3，2123）=73.376，p=0.000

（3）舒适偏好对知觉行为控制和旅游消费券使用意愿的调节效应

如表 6-53 所示的调节效应检验结果揭示，舒适偏好对知觉行为控制与旅游消费券使用意愿间的调节效应在 99% 的置信水平上显著（p<0.01），且 PBC*PC 为 –0.099<0，这意味着舒适偏好负向对知觉行为控制与旅游消费券使用意愿之间的关联产生调节效应。

表 6-53　舒适偏好对知觉行为控制和旅游消费券使用意愿的调节效应

	模型 1	模型 2	模型 3
常数	3.736**	3.736**	3.708**
	–177.746	–180.293	–173.446
PBC	0.223**	0.178**	0.179**
	–11.074	–8.600	–8.716
PC		–0.177**	–0.183**
		（–7.895）	（–8.188）
PBC*PC			–0.099**
			（–4.865）
R^2	0.055	0.082	0.092
调整 R^2	0.054	0.081	0.09
F 值	$F_{(1, 2125)}$ =122.635, p=0.000	$F_{(2, 2124)}$ =94.253, p=0.000	$F_{(3, 2123)}$ =71.396, p=0.000

6.5.2.2 过去行为的调节效应检验

（1）过去行为对个体态度和旅游消费券使用意愿的调节效应

如表 6-54 所示的调节效应检验结果揭示，过去行为对个体态度与旅游消费券使用意愿间的调节效应在 99% 的置信水平上显著（p<0.01），且 IA*PB 为 0.092>0，这意味着过去行为正向对个体态度与旅游消费券使用意愿之间的关联产生调节效应。

表 6–54　过去行为对个体态度和旅游消费券使用意愿的调节效应

	模型 1	模型 2	模型 3
常数	3.736**	3.736**	3.716**
	−177.222	−181.883	−176.469
IA	0.222**	0.165**	0.172**
	−10.460	−7.716	−8.076
PB		0.260**	0.261**
		−10.689	−10.78
IA*PB			0.092**
			−4.047
R^2	0.049	0.098	0.104
调整 R^2	0.049	0.097	0.103
F 值	F（1，2125）=109.404，p=0.000	F（2，2124）=114.741，p=0.000	F（3，2123）=82.507，p=0.000

（2）过去行为对主观规范和旅游消费券使用意愿的调节效应

如表 6–55 所示的调节效应检验结果揭示，过去行为对主观规范与旅游消费券使用意愿间的调节效应在 99% 的置信水平上显著（p<0.01），且 SN*PB 为 0.109>0，这意味着过去行为正向对主观规范与旅游消费券使用意愿之间的关联产生调节效应。

表 6–55　过去行为对主观规范和旅游消费券使用意愿的调节效应

	模型 1	模型 2	模型 3
常数	3.736**	3.736**	3.710**
	−177.921	−182.253	−175.096

续表

	模型 1	模型 2	模型 3
SN	0.244**	0.182**	0.185**
	−11.272	−8.272	−8.461
PB		0.252**	0.250**
		−10.283	−10.273
SN*PB			0.109**
			−4.452
R^2	0.056	0.101	0.109
调整 R^2	0.056	0.100	0.108
F 值	F（1，2125）=127.057，p=0.000	F（2，2124）=119.534，p=0.000	F（3，2123）=87.004，p=0.000

（3）过去行为对旅游消费券使用意愿意向和旅游消费券使用意愿的调节效应

如表 6-56 所示的调节效应检验结果揭示，过去行为对知觉行为控制与旅游消费券使用意愿间的调节效应在 99% 的置信水平上显著（$p<0.01$），且 PBC*PB 为 0.184>0，这意味着过去行为正向对知觉行为控制与旅游消费券使用意愿之间的关联产生调节效应。

表 6-56　过去行为对知觉行为控制和旅游消费券使用意愿的调节效应

	模型 1	模型 2	模型 3
常数	3.736**	3.736**	3.683**
	−177.746	−181.821	−173.748
PBC	0.223**	0.158**	0.168**
	−11.074	−7.618	−8.216

续表

	模型 1	模型 2	模型 3
PB		0.248**	0.252**
		−9.977	−10.326
PBC*PB			0.184**
			−8.283
R^2	0.055	0.097	0.125
调整 R^2	0.054	0.096	0.124
F 值	F（1，2125） =122.635，p=0.000	F（2，2124） =113.936，p=0.000	F（3，2123） =101.246，p=0.000

6.6 旅游消费券使用意愿影响机制模型修正与检验

6.6.1 研究假设检验

6.6.1.1 个人特征变量差异研究假设检验

根据实证检验分析，旅游者的个人特征变量对旅游消费券使用意愿的显著差异假设验证结果如下。

H1：旅游消费券使用意愿在其人口传记特征因素上存在显著差异的假设成立。

旅游消费券使用意愿的表现在性别上存在显著差异，女性在旅游消费券使用意愿表现上均值优于男性。因此，假设 H1a 成立。

旅游消费券使用意愿的表现在年龄上存在显著差异，中青年人群对于旅游消费券的使用意愿明显较高。因此，假设 H1b 成立。

旅游消费券使用意愿的表现在受教育程度呈现出显著差异性，具备大专及以上学历的旅游者在使用旅游消费券的意愿上展现出更积极的态度。因此，假设 H1c 成立。

旅游消费券使用意愿在是否为独生子女上均呈现出显著性差异，独生子女在旅游消费券使用意愿表现上更好；旅游消费券使用意愿在家庭结构上均呈现显著性差异，已婚无子女的群体在旅游消费券使用意愿上整体上高于未婚群体。因此，假设 H1d 成立。

H2：旅游消费券使用意愿在其旅游方式特征因素上存在显著差异的假设部分成立。

旅游消费券使用意愿在出游距离上存在显著性差异，目的地多在本市的旅游者其旅游消费券使用意愿分值是最高；旅游消费券使用意愿在出游时长存在显著性差异，旅游消费券使用意愿随着外出时长增加而降低。因此假设 H2a 成立。

旅游消费券使用意愿在旅游方式上存在显著性差异，自由行者比跟团游者更倾向于使用消费券；旅游消费券使用意愿在同行人员上存在显著性差异，自己旅游和与朋友同行的旅游消费券使用意愿分值普遍高于其他的旅游者。因此，假设 H2b 成立。

旅游消费券使用意愿在旅游动机上不存在显著性差异。因此假设 H2c 不成立。

H3：旅游消费券使用意愿在其消费特征因素上存在显著差异的假设成立。

旅游消费券使用意愿在消费预算上存在显著性差异，旅游消费券使用意愿随人均旅游消费预算升高而降低；旅游消费券使用意愿在不同旅游消费支出占年收入比例存在显著性差异，旅游消费券使用意愿整体随旅游消费支出占年收入比例升高而升高。因此假设 H3a 成立。

旅游消费券使用意愿的表现在不同过往消费券、抵扣券使用频率呈现出显著差异性，旅游消费券使用意愿整体随过往消费券、抵扣券使用频率降低而降低。因此，假设 H3b 成立。

6.6.1.2 个人感知因素与旅游消费券使用意愿之间的关系假设检验

个人感知因素（含个体态度、主观规范、知觉行为控制）对旅游消费券使用意愿的正向效应显著，故假设 H4、H5、H6 成立。

6.6.1.3 个人感知因素与政策感知因素和旅游消费券使用意愿之间的关系假设检验

H7：使用可信度对旅游消费券使用意愿有显著正向影响成立。

使用可信度对旅游消费券使用意愿的效应显著（$p < 0.01$），影响系数为 0.116。

H8：使用可信度显著正向影响个人感知因素假设部分成立。

使用可信度对个体态度的效应不显著，故假设 H8a 不成立；使用可信度对主观规范的效应显著，影响系数为 0.122，故假设 H8b 成立；使用可信度对知觉行为控制的效应显著，影响系数为 0.091，故假设 H8c 成立。

H9：个人感知因素对使用可信度和旅游消费券使用意愿间的中介效应显著部分成立。

个体态度对使用可信度和旅游消费券使用意愿间的中介效应不显著，故假设 H9a 不成立；主观规范对使用可信度和旅游消费券 F 使用意愿间的中介效应显著，故假设 H9b 成立；知觉行为控制对使用可信度和旅游消费券使用意愿间的中介效应显著，故假设 H9c 成立。

H10：经济价值对旅游消费券使用意愿有显著正向影响成立。

经济价值对旅游消费券使用意愿的效应显著（$p < 0.01$），影响系数为 0.115。

H11：经济价值显著正向影响个人感知因素成立。

经济价值对个体态度的效应显著，影响系数为 0.103，故假设 H11a 成立；经济价值对主观规范的效应显著，影响系数为 0.137，故假设 H11b 成立；经济价值对知觉行为控制的效应显著，影响系数为 0.211，故假设 H11c 成立。

H12：个人感知因素对经济价值和旅游消费券使用意愿之间的中介效应显著成立。

个体态度对经济价值和旅游消费券使用意愿间的中介效应显著，故假设 H12a 成立；主观规范对经济价值和旅游消费券 F 使用意愿间的中介效应显著，故假设 H12b 成立；知觉行为控制对经济价值和旅游消费券使用意愿间的中介效应显著，故假设 H12c 成立。

H13：领取便利性对旅游消费券使用意愿有显著正向影响成立。

领取便利性对旅游消费券使用意愿的效应显著（$p < 0.01$），影响系数为 0.186。

H14：领取便利性显著正向影响个人感知因素成立。

领取便利性对个体态度的效应显著，影响系数为 0.165，故假设 H14a 成立；领取便利性对主观规范的效应显著，影响系数为 0.214，故假设 H14b 成立；领取便利性对知觉行为控制的效应显著，影响系数为 0.141，故假设 H14c 成立。

H15：个人感知因素对领取便利性和旅游消费券使用意愿之间的中介效应显著成立。

个体态度对领取便利性和旅游消费券使用意愿间的中介效应显著，故假设 H15a 成立；主观规范对领取便利性和旅游消费券使用意愿间的中介效应显著，故假设 H15b 成立；知觉行为控制对领取便利性和旅游消费券使用意愿间的中介效应显著，故假设 H15c 成立。

H16：核销便利性对旅游消费券使用意愿有显著正向影响成立。

核销便利性对旅游消费券使用意愿的效应显著（p<0.01），影响系数为 0.135。

H17：核销便利性显著正向影响个人感知因素成立。

核销便利性对个体态度的效应显著，影响系数为 0.148，故假设 H17a 成立；核销便利性对主观规范的效应显著，影响系数为 0.207，故假设 H17b 成立；核销便利性对知觉行为控制的效应显著，影响系数为 0.122，故假设 H17c 成立。

H18：个人感知因素对核销便利性和旅游消费券使用意愿之间的中介效应显著成立。

个体态度对核销便利性和旅游消费券使用意愿间的中介效应显著，故假设 H18a 成立；主观规范对核销便利性和旅游消费券使用意愿间的中介效应显著，故假设 H18b 成立；知觉行为控制对核销便利性和旅游消费券使用意愿间的中介效应显著，故假设 H18c 成立。

6.6.1.4 情境因素对个人感知因素作用于旅游消费券使用意愿的路径调节假设检验

H19：旅游目的地环境水平显著正向调节个人感知因素和旅游消费券使用意愿的关系假设部分成立。

旅游目的地环境水平显著正向调节个体态度和旅游消费券使用意愿的关系效应并不显著，故假设 H19a 不成立；旅游目的地环境水平显著正向调节主观规范、知觉行为控制和旅游消费券使用意愿的关系效应显著，效应值为 0.046 和 0.075，故假设 H19b、H19c 成立。

H20：旅游目的地服务质量显著正向调节个人感知因素和旅游消费券使用意愿的关系假设部分成立。

旅游目的地服务质量显著正向调节个体态度、主观规范和旅游消费券使用意愿的关系效应并不显著，故假设 H20a、H20b 不成立；旅游目的地服务质量显著正向调节知觉行为控制和旅游消费券使用意愿的关系效应显著，效应值为 0.134，故假设 H20c 成立。

6.6.1.5 习惯因素对个人感知因素作用于旅游消费券使用意愿的路径调节假设检验

H21：舒适偏好显著负向调节个人感知因素和旅游消费券使用意愿的关系假设成立。

舒适偏好显著负向调节个体态度、主观规范、知觉行为控制和旅游消费券使用意愿的关系效应显著，效应值为 −0.111、−0.109 和 −0.099，故假设 H21a、H21b、H21c 成立。

H22：过去行为显著正向调节个人感知因素和旅游消费券使用意愿的关系假设成立。

过去行为显著正向调节个体态度、主观规范、知觉行为控制和旅游消费券使用意愿的关系效应显著，效应值为 0.092、0.109 和 0.184，故假设 H22a、H22b、H22c 成立。

6.6.2 研究模型修正

基于上述的实证分析结果和假设检验，本章对旅游消费券使用意愿影响机理理论模型进行如下修正。如图 6.1 所示，旅游者在个人特征变量的三个方面均有差异化特征；使用可信度、经济价值、领取便利性和核销便利性四个政策感知因素直接作用于旅游消费券使用意愿，同时也可通过个人感知因素（个体规范、主观规范、知觉行为控制）间接作用于旅游消费券使用意愿；情境因素（环境水平、服务质量）和习惯因素（舒适偏好、过去行为）作为调节变量，各个因素均可作用于旅游消费券使用意愿，但作用路径各有不同。

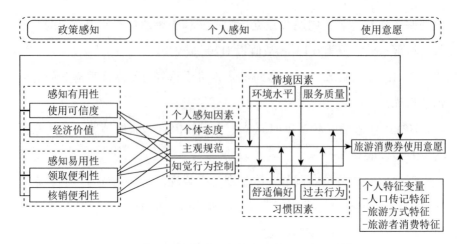

图 6.1   修正后的旅游消费券使用意愿影响机理模型

6.7 本章小结

本章基于前文构建的理论模型和收集整理的样本数据，对旅游消费券使用意愿的影响机理进行实证分析。首先，对样本数据进行初步分析，对自变量、因变量和调节变量进行描述性统计分析，大致了解旅游消费券使用意愿的现状，同时采用独立样本 T 检验和单因素方差检验分析旅游消费券使用意愿在个人特征变量上的差异性。其次，利用 Pearson 相关性分析检验各因素间的显著相关关系。再次，运用 Bootstrap 中介效应检验法对中介变量的中介效应及其相应的假设进行检验。复次，利用多层次回归分析对情境因素和习惯因素对个人感知因素作用于旅游消费券使用意愿的路径调节效应。最后，根据以上实证研究分析对研究假设和模型进行修正，形成旅游消费券使用意愿影响机理模型。

第七章
旅游者消费券使用意愿引导策略建议

　　根据前文的实证分析可得，消费者的个人感知因素对于旅游消费券使用意愿具有显著的促进作用，同时也具有政策感知因素影响旅游消费券使用意愿的中介作用，情境因素和习惯因素分别对旅游消费券使用意愿存在调节作用。以此结论为基础，本章基于个人感知因素、政策感知因素、情境因素和习惯因素四个层面分别提出旅游者消费券使用意愿引导措施，并结合调研中的消费者差异特征，以及现有的消费券发放和管理政策，提出引导旅游者消费券使用的策略建议。

7.1 个人感知因素的引导过程

7.1.1 个体态度转变策略

7.1.1.1 准确市场定位

地方政府在实施旅游消费券政策时，往往采取"一城一策"的精细化策略。在这一过程中，前期工作至关重要，政府需紧密结合本地区独特的旅游资源，以及当地的产业结构布局和发展阶段，细致分析消费市场的现状和趋势，量体裁衣地制定符合地方特色的旅游消费券实施方案。对地区经济发展水平进行深入考量，富裕地区可能会侧重于高端旅游产品和高品质服务的消费券发放，以吸引高净值游客和追求品质旅行的消费者；而在发展中地区，则更倾向于普及性的大众旅游消费券，重点在于激活本地居民和周边游客的旅游热情，提升旅游消费的整体活力。针对不同的旅游资源禀赋，地方政府会设计相应类别的消费券。例如，对于拥有丰富自然风光的城市，可能着重推出针对户外探险、生态观光、休闲度假类产品的消费券；而对于文化底蕴深厚的城市，则可能主要推广文化体验、历史遗迹游览相关的消费券。只有地方消费券与当地旅游发展趋势相协调，与消费者的旅游方式相匹配时，才能赢得消费者的认同。

7.1.1.2 细分消费群体

政府在设定消费券的优惠力度和适用范围时，必须兼顾各类目标群体的特性和消费习惯，灵活调整策略。地方政府首先要深入研究当地及潜在旅游市场的消费者特性，因此细致入微的市场调查是制定有效策略的基础，通过问卷调查、数据分析、用户访谈等多种形式，深入了解各个年龄层次、收入水平、兴趣爱好的消费者在旅游消费上的差异化需求和期望，旨在揭示消费者的旅游消费意愿及其对应的消费能力。基于这些翔实的研究数据，地方政府便能有针对性地设计旅游消费券的种类和面额。对于每一类目标群体，政府需要制定适宜的适用范围，如本地居民可能享有更丰富的本地特色产品和服务折扣，而对外地游客则重点突出主要旅游景区和地标性景点的优惠政策，以期最大限度地吸引各类游客，激活旅游市场，助力地区旅游业稳健发展。这种精准施策不仅能最大化刺激旅游消费，也有利于优化资源配置，推动区域内旅游产业各环节协同发展。同时，这样的策略也反映了政府在公共政策制定中的灵活性与创新性，力求在尊重和满足消费者个性化需求的基础上，实现旅游经济的繁荣和民生福祉的增进。

7.1.1.3 丰富消费活动

在推行旅游消费券政策的过程中，地方政府应不断创新思路，尝试将旅游消费券与扶贫助农、环保出行、文化遗产保护等社会责任项目深度融合，这样不仅能够有效地刺激旅游消费，拉动经济增长，增强公众对旅游消费券的支持和接纳程度。具体而言，旅游消费券可以与乡村扶贫挂钩，鼓励市民和游客前往贫困地区进行乡村旅游，通过消费券的优惠政策，间接扶持农村特色产业，如农产品销售、农家乐、民宿等，实现农民增收，助力脱贫攻坚。同时也有助于城市居民体验乡村生活，增进城乡交流，推动城乡一体化发展。旅游消费券可以结合环保出行理念，通过发放公共交通、共享单车、新能源汽车租赁等相关旅游消费券，鼓励游客选择绿色出行方式，减少碳排放，促进旅游业的可持续发展。此外，旅游消费券还能够与文化遗产保护相结合，通过对历史古迹、非物质文化遗产保护项目的参观游览给予消费券优惠，激励更多人关注和参与文化遗产的传承与发展，从而在享受旅游乐趣的同时，增进对民族文化和历史传统的认知与尊重。综上所述，将社会责任融入旅游消费券政策中，有利于提升公众对旅游消费券政策的认知度和接受度。

7.1.2 主观规范强化策略

7.1.2.1 扩大社会影响

在当今数字化时代，社交媒体平台已成为信息传播的重要渠道，尤其在旅游消费领域，其影响力不容忽视。政府或相关组织可以充分利用社交媒体的力量，策划并开设以旅游消费券为主题的线上互动活动，邀请广大用户积极分享自己使用消费券的全程经历、心得体会和精彩瞬间的照片。在这个专题活动中，用户可以详细描述从获取消费券、计划行程、预订服务，到实地体验、结算优惠的每一个环节，通过真实的使用案例，展现旅游消费券带来的实惠与便捷。同时，鼓励用户上传带有消费券优惠标识的消费凭证或旅途照片，让其他用户直观感受到消费券的实际价值和使用效果。通过这样的口碑传播和社交网络内的热议话题，一方面，能够搭建一个开放、共享的信息交流平台，让用户互相学习借鉴，提高旅游消费券的使用效率；另一方面，通过用户的亲身经历和真诚推荐，有助于消除潜在消费者的疑虑，增强他们对旅游消费券的信任感和使用意愿，从而营造出一种积极踊跃、全民参与的良好使用氛围。

7.1.2.2 引导社会文化

政府应借助电视等传统媒体和网络社交平台等新媒体，宣传旅游消费相关的公益广告，有效引导社会公众树立正确的消费观念，倡导理性、环保、有益身心的旅游方式，鼓励民众在享受休闲时光的同时，注重消费的合理性和可持续性，摒弃盲目跟风和奢侈浪费的不良风气。积极弘扬适度消费、健康旅游的理念，引导社会舆论关注和支持旅游消费券政策，形成良好的旅游消费文化氛围。鼓励广大消费者在使用旅游消费券的过程中，更加注重体验质量而非单纯追求低价，做到既要享受到政策带来的实惠，也要尊重和珍惜每一处旅游资源，共同维护和谐有序的旅游环境。

7.1.3 知觉行为控制提升策略

7.1.3.1 持续跟进提醒

根据调研的情况反馈，很多人领取后由于种种原因可能会忘记使用，这个问题尤为明显。为了确保旅游消费券的有效使用，政府或发行单位应提供持续跟进提醒服务，以提升消费者对旅游消费券的关注度和使用率。通过短信、邮件或 App 推送提醒用户消费券即将到期或新的消费券发放信息，促使消费者有效利用手中持有的旅游消费券。在旅游服务平台或其他相关应用软件中设置消费券使用提醒功能，每当用户打开 App或进入相关页面时，系统自动弹窗提示消费券余额、即将过期的消费券等信息。通过这些持续跟进提醒服务，可以显著提高旅游消费券的知晓度和使用率，充分调动消费者的积极性，进一步推动旅游经济的发展。同时，这也体现政府或发行单位对公众服务的细心和周到，有助于提升公众满意度和品牌形象。

7.1.3.2 提供现场服务

很多情况下，消费者通常不会单纯为了优惠而专门前往特定的旅游消费场所，大多数是到达消费场所后看到优惠政策才会心动。为了使旅游消费券政策发挥出最大的效能，政府或发行单位需要对旅游从业者进行全面、细致的消费券使用培训，确保每一位从业人员都能准确掌握消费券的领取、核销流程以及相关注意事项。通过专业培训，让从业者能够在接待和服务过程中，清晰、准确地解答消费者关于旅游消费券的任何疑问，并能够主动、高效地协助消费者顺利完成消费券的使用操作，从而提升消费者的使用体验，增加其再次使用消费券的积极性。在各大旅游景区、酒店、餐厅和其他旅游消费场所，强化消费券使用的可视化宣传，如布置显眼的宣传海报，或在大厅、收银台等醒目位置设置电子显示屏，循环播放旅游消费券的使用说明、优惠政策，确保每一位来访者都能轻松获取相关信息。此外，还可采取线上线下相结合的方式，通过现场演示、直播讲解或发布图文教程等形式，举办旅游消费券使用教程，手把手教授消费者如何巧妙、高效地使用消费券，尤其是对不太熟悉互联网操作的老年人群，让他们真切体会到在合理使用旅游消费券的情况下，能够节省的可观成本以及享受到的额外优惠和增值服务。通过这样的方式增强消费者对旅游消费券的使用信心，也可以极大提升旅游消费券政策的普及度和落地效果。

7.2 政策感知因素的引导过程

7.2.1 使用可信度增强策略

7.2.1.1 官方权威推行

政府部门或授权的权威机构作为旅游消费券的发起者和监管者，应通过官方渠道公开、透明地宣布消费券的发放政策、额度、使用条件和期限等信息，确保消费者对其来源和有效性有充分的信任。以官方的名义利用电视台、广播电台、政府官方网站、主流新闻媒体等正式渠道进行广泛的宣传推广，公布详细的使用指南和操作流程，减少消费者对于消费券真伪和用途的疑虑。定期公布旅游消费券政策实施的成果报告，分享成功案例，公开透明的数据可以让消费者看到政策实施的效果，从而增强他们对消费券的信任度和使用意愿。

7.2.1.2 筛选合作伙伴

各地政府需要对申请成为消费券合作商户的企业或机构进行严格的资质审查，确保其具有合法经营资格，无不良记录，并且在行业内具有较好的口碑和服务质量。例如，要求合作商家具备完整的营业执照、税务登记证等，并检查其过往的诚信记录。优先选择具有较高的知名度、良好信誉的品牌企业以及提供优质旅游服务的旅行社、酒店、景区等作为合作伙伴，因为这类商家更容易获得消费者的信赖，使用其提供的消费券更具吸引力。在制定旅游消费券使用规则时，兼顾大、中、小型旅游企业的协同发展，有效激发小商家的活力，共同推动旅游业的整体进步。考虑到小商家的实际情况，降低合作申请条件，允许符合条件的小、微型旅游相关企业提供服务，使其有机会参与到旅游消费券的使用行列。与选定的合作伙伴签订正式合作协议，明确规定双方的权利义务，尤其是要求合作商家严格按照约定提供服务，不得擅自更改消费券使用条件，确保消费者权益不受侵害。将所有合格的合作伙伴名单在官方渠道上进行公示，确保消费者清楚了解消费券的适用范围，增强消费者对消费券使用范围的认同感和安全感。

7.2.1.3 拓展应用场景

拓展应用场景的多样性和广泛性是提高旅游消费券使用可信度的有效手段。各地政府开始发放文旅消费券、文旅体消费券等举措，正是验证了拓展消费券应用场景多元性和广泛性对于刺激消费、促进旅游业复苏和高质量发展的重要性。通过将消费券应用延伸至旅游产业链的不同环节，如景点观光、酒店住宿、餐饮服务、体育赛事、文艺演出、旅游购物、交通出行等诸多方面，不仅能够有效拉动本地居民的文旅消费，还能吸引外地游客前来旅游消费，提升区域旅游市场的活跃度和经济效益。消费券不应局限在传统的景点门票和酒店住宿领域，而是要延伸至餐饮、交通、购物、娱乐、文化体验等旅游产业链的多个环节，让消费者在旅游全程都能感受到消费券的实用性。尤其在文旅融合的大背景下，娱乐与文化体验同样是旅游不可或缺的部分，消费券可以适用于各类演出观赏、主题公园游玩、博物馆参观、文化体验课程等项目，让消费者在领略美景之余，深入了解当地文化，丰富旅游内涵，提升旅游体验品质。旅游消费券只有实现到全链条覆盖的转变，确保消费者在整个旅游过程中随时随地都能感受到消费券所带来的实惠和便利，才能最大限度地发挥其刺激消费、促进旅游业发展的积极作用，最终助力实现旅游市场的整体繁荣与经济增长。

7.2.2 经济价值提高策略

7.2.2.1 落实叠加优惠

在调研中，许多消费者反映政府的旅游消费券与商家的优惠券或折扣活动不能叠加使用的现象。这种情况通常是因为商家或平台在制定优惠规则时，为了控制成本和防止过度折扣，会明确规定优惠券或折扣之间的使用限制，但是这经常造成消费者的困扰和不满，大大降低了消费体验。为了让消费者更深刻地感受到消费券的实用性与价值优势，各地政府和相关部门积极倡导并落实消费券与商家其他折扣或优惠活动叠加使用的政策，规划消费券政策时应提前将这些因素考虑进去，制定直白、透明的叠加规则。具体而言，消费者在预订酒店房间时，除了常规的打折促销外，还可以使用旅游消费券抵扣部分费用；在购买景区门票时，原有的团购优惠叠加消费券使用，使消费者得以以更低的价格畅游心仪之地；而在餐饮、购物等环节，消费券同样能够与其他优惠券或会员折扣并行使用，切实为消费者省下真金白银。这种叠加优惠策略不仅突出了消费券的实际效用，还增强了消费者对消费券的信任度和依赖性，促使他们在计划行程和消费决策时，主动寻求并充分利用消费券，以此为契机引领和促进旅游消费的增长。

7.2.2.2 激发市场积极性

为了更好地推行旅游消费券政策，切实提高其在市场上的实际购买力，政府和相关部门应积极探索合理分担成本、补贴奖励等激励机制，充分调动旅游企业主动配合的积极性。可通过财政补贴、税收优惠等政策手段，适当降低企业在接纳消费券支付时需要承担的成本，尤其是在旅游淡季或受特殊事件影响期间，给予企业一定的政策扶持，帮助企业缓解运营压力，增强其接纳消费券的动力。政府可以设置各类奖励机制。例如，对积极配合消费券政策、提供优质服务、创造良好消费环境的企业给予表彰或经济奖励，或是根据企业接纳消费券的数量、金额以及消费者满意度等因素，对企业进行分级奖励，形成正向竞争氛围。这样，企业为了争取更多的政策红利和市场声誉，将会更加乐意推出更多的优惠措施和优质服务，以吸引更多消费者使用消费券。

7.2.2.3 提供增值服务

在推行旅游消费券政策的过程中，为了提高消费者黏性和持续刺激消费意愿，我们可以创新设计出具有增值功能的消费券模式。例如，当消费者使用消费券累积消费达到一定额度或者全部核销完成后，系统自动为其升级兑换更高级别的优惠券或赠予免费体验的机会，这种阶梯式的激励机制能够有效激发消费者的复购行为和长期忠诚度。具体而言，消费者在使用旅游消费券的过程中，每一次消费都会计入累计额度，随着额度的增加，所享受的优惠也将逐步升级。当累积消费额达到预设阈值时，不仅有可能解锁更大额度的消费券，还有可能获得诸如高端酒店住宿折扣、特色线路免费体验、热门景点免票等超值权益。这样一来，消费者不仅能在每次消费中直观感受到即时的实惠，还能在长期积累中收获意想不到的惊喜，大幅提升消费券的吸引力和使用价值。这种具有增值功能的消费券设计，不仅有助于拉长消费者的消费周期，培养稳定的消费习惯，还能够有效提升旅游市场的活跃度和旅游产品的销售额，进一步推动旅游产业的健康可持续发展。同时，这也是政府、企业和消费者三者共赢的一种策略，通过巧妙地设计和精准地投放，有力地驱动了旅游市场的消费潜力。

7.2.3 领取便利性改善策略

7.2.3.1 优化领取流程

在推行旅游消费券政策的过程中，优化领取流程是提高其普及率和使用率的关键环节之一。优化旅游消费券领取流程的核心在于提供简单快捷、易于理解和操作的服务体验。简化烦琐的注册登录程序是关键一步，应尽可能让用户在无须复杂注册或登录的情况下快速领取消费券。例如，可以直接采用手机号码验证的方式，游客只需输入手机号码并接收验证码，即可轻松完成消费券的领取，极大地降低领取门槛，节省用户的时间和精力。在设计领取界面时，应追求极简主义，摒弃冗余复杂的元素，突出核心功能——领取按钮。该按钮应当醒目、易点击，让游客一目了然，瞬间识别并完成领取动作。同时，界面应详尽展示消费券的关键信息，如领取后的有效期、使用范围、最低消费额度、是否可叠加其他优惠等，确保用户在领取前即对消费券的使用规则有清晰的认知，避免后续使用中产生困惑或纠纷。还要提供语音助手、大字体版等无障碍功能，照顾到特殊群体的需求。根据节假日和旅游淡旺季合理安排消费券发放时间，避免集中抢领导致系统拥堵，确保更多人有机会领取。同时，提前做好服务器扩容和技术维护工作，确保在领取高峰期平台稳定运行，不影响用户体验。

7.2.3.2 动态调整政策

在实施旅游消费券政策的过程中，密切关注市场动态与消费者反馈，是确保政策取得实效的重要环节。根据旅游淡旺季特点，灵活调整消费券的发放时间和数量，确保其在最能刺激消费的时间段发挥作用。在旅游旺季，由于市场需求旺盛，消费券的发放可集中于此阶段，且可以设定较短的有效期，鼓励游客尽快使用，以刺激短期内的旅游消费。而在旅游淡季，消费券发放策略则需有所变化，可通过延长消费券的有效期限、增加单张消费券面额或提供更丰富的优惠组合，吸引游客在淡季出行，平衡全年旅游市场的供求关系，稳定旅游业的发展态势。另外，根据政策实施的反馈，不断调整优化旅游消费券的设计与发放策略，使之更加贴近市场需求和消费者期待。确保在不同设备、不同操作系统环境下，用户都能顺畅地完成领取操作。而且应在显眼位置设置常见问题解答或帮助指南链接，以便用户在遇到问题时能够快速查阅解决方案，进一步提升领取过程的流畅度和满意度。

7.2.4 核销便利性优化策略

7.2.4.1 提升用户体验

作为旅游消费券使用流程的最后一环，核销的便利性至关重要，不仅涉及消费者能否顺利享受到政策给予的优惠福利，也是检验消费券发放成效的关键环节。具体而言，政府可在景区、酒店、餐厅等地方制定统一的旅游消费券核销规范，确保各地区、各平台间消费券的通用性和核销流程的一致性，简化核销流程，避免使用过程中的不便和等待。鼓励有条件的平台，优化消费券与现有支付平台的集成，支持一键抵扣或自动匹配符合条件的订单，无须手动输入代码或选择优惠券。为了最大限度地提高旅游消费券的利用率并减少资源浪费，建议在政策设计中融入一定的容错机制。对于已发放但未能在规定期限内使用的消费券，可以设定适度的延期使用政策，如在原有效期基础上增加一段宽限期，允许持有者在此期限内继续使用。另外，对于长期未被核销的消费券，可实行回收再利用策略。在消费券有效期截止后，若仍有大量未使用的消费券，政府部门或相关平台可以将其收回，并在适当的时机再次面向公众发放，确保这些优惠资源能得到充分的利用。这一举措不仅有利于保持政策的连续性和有效性，也在一定程度上规避了资源闲置的问题，更能持续激发市场活力，推动旅游经济的稳步发展。

7.2.4.2 健全监督机制

建立健全法规体系，明确规定旅游消费券的发行、使用、监管规则，避免滥用和欺诈现象发生，并设立投诉举报渠道，对违规行为进行严厉查处，维护消费者权益。强化监管力度，建立严格的审计监督机制，运用大数据、云计算等先进技术手段对消费券的发放和使用情况进行全程跟踪和监控，一旦发现有滥用、欺诈、套现等违法违规行为，立即启动调查程序，并依法依规严肃处理。尤为关键的是，要设立便捷高效的投诉举报渠道，鼓励社会各界积极参与监督，对任何损害消费者权益的行为零容忍。通过及时受理和解决消费者的投诉举报，切实保护消费者合法权益不受侵害，增强公众对旅游消费券政策的信任度和满意度。

7.3 情境因素的引导过程

7.3.1 环境水平提升策略

核销地及周边环境水平的提升维护是提高旅游目的地吸引力、提升游客的满意度，并最终促进旅游消费券使用意愿的关键环节。首先，硬件设施的完善至关重要，这涵盖了游客在旅行过程中最基本的需求满足。例如，确保所有公共卫生间都能达到高标准的清洁卫生要求，不仅配备充足，位置布局还要便于游客寻找和使用，以此减轻游客在外出行的压力，增加他们在景区内停留的时间，进而增加使用消费券的可能性。其次，充分考虑到自驾游日益普及的趋势，旅游目的地应配置充足且设计合理的停车位，为游客提供便捷高效的停车服务。停车场应设有明确的指引标识，尽量减少游客寻找停车位的困扰，同时也可设立电子化管理系统，方便游客快速缴费，进一步提升游客体验。再次，一套完整且易于理解的路标系统是引导游客顺利游玩、安全抵达各个景点的重要工具。清晰明了的指示牌不仅能帮助游客节省时间，更能让他们在轻松愉快的心情下探索各个景点，更愿意参与各类消费活动。环境美化方面，旅游目的地应倾力打造优雅宜人、生态友好的景观环境。从细微处着手，如定期清理垃圾、维护绿化植被，保证景区整体视觉效果清新雅致，给游客留下深刻的美好印象。最后，可通过艺术装置、景观小品等方式提升景区的文化内涵与艺术气息，吸引游客驻足欣赏，延长其在景区的游览时间，提供更多消费机会。通过精心建设和高效维护旅游目的地的各项基础设施，创造出既实用又美观的旅游环境，能让游客在愉悦舒适的氛围中深度体验旅游的乐趣，从而极大提高他们使用旅游消费券的积极性和主动性。

7.3.2 服务质量保障策略

政府部门在此过程中扮演着至关重要的监管角色，应当建立起一套严密的监控与评估机制，定期对使用消费券的商家进行实地检查与服务质量评价。在政府推进旅游消费券政策落实的过程中，与合作商家之间的沟通与协作至关重要。政府应当详细制定并明确消费券的使用条款，涵盖消费券的发放规模、领取方式、使用范围、有效期、叠加规则等内容，确保政策透明、公正，让广大旅游消费者在参与活动之初就能准确把握消费券的使用方法和价值所在。同时，合作商家应在与政府签订协议时，公开承诺在参与消费券活动期间，无论是否有消费券抵扣，都将一如既往地保持原有的高水平服务标准，绝不允许出现因消费者使用消费券而降低服务质量的现象发生，自觉接受社会各界及消费者的广泛监督。对于那些被投诉或经核实确实存在服务质量下滑的商家，政府应毫不犹豫地采取相应的惩罚措施，如扣除补贴资金、取消参与资格等，甚至将其剔除出消费券合作商家名单。这样做旨在维护消费券政策的公信力，保障消费者合法权益不受侵害，同时也是对诚实守信、提供优质服务的商家一种肯定和鼓励。对于参与消费券活动的供应商而言，他们应自我加压，不断提升内部管理效能，即使是在面对因消费券发放带来的销售压力和成本调整时，也要坚守服务品质底线，确保每一位持券消费的顾客都能享受到与平日相同甚至更优质的服务。

7.4 习惯因素的引导过程

7.4.1 舒适偏好导向策略

政府有必要引导旅游者正确理解和使用消费券，倡导理性消费观念，使其在享受旅游的过程中，既能合理运用消费券获得实实在在的优惠，又能避免因一时冲动而导致的资源浪费。旅游活动的本质确实在于带给参与者独特的愉悦体验和身心的放松，但与此同时，旅游者在面对琳琅满目的旅游产品和服务时，容易陷入过度消费的诱惑，特别是当旅游消费券作为一种即时可用的优惠形式出现时，旅游者可能会受此影响，偏向于非理性的物欲消费和冲动购物，而非深思熟虑后的最佳消费选择。只有在兼顾旅游者追求愉悦体验与理性消费之间取得平衡，才能充分发挥旅游消费券在拉动旅游消费、提振旅游市场活力等方面的作用，同时也能更好地满足旅游者多元化、高品质的旅游需求。

7.4.2 习惯行为养成策略

政府在发放旅游消费券时应注意连续性与周期性。定期、持续且有规律地发放消费券，是对消费者消费习惯进行积极引导和培育的重要手段。通过周期性发放，比如选择每月固定日期或者与特定节日、季度促销等节点相结合，能够逐渐在消费者心中形成一种稳定的消费期待，如同期盼每月的"购物节"一样，消费者也会开始期待每个月的消费券发放日，从而在心理层面上建立起对消费券使用的依赖性和习惯性。在这个过程中，稳定的发放周期有助于消费者形成定时查看、领取和使用消费券的生活习惯，逐渐将消费券的使用嵌入到日常消费决策中，转化为一种自然而然的消费行为。通过设定规律性的消费券发放周期，不仅能够有效提升消费者对消费券的关注度和参与度，更能在潜移默化中培养消费者使用消费券的习惯，从而在推动消费增长、拉动内需、提振经济活力等方面发挥积极作用。同时，这种做法也有助于培养消费者更为理性的消费观念，鼓励他们在享受优惠的同时，更加注重自身的消费规划与生活质量的提升。

7.5 本章小结

本章从个人感知因素、政策感知因素、情境因素和习惯因素出发，提出引导旅游消费券使用系列策略：个体态度转变策略、主观规范强化策略、知觉控制提升策略、使用可信度增强策略、经济价值提高策略、领取便利性改善策略、核销便利性优化策略、环境水平提升策略、服务质量保障策略、舒适偏好导向策略以及习惯行为养成策略。

第八章

研究结论与展望

　　本书以消费者视角为切入点，系统探讨了旅游消费券政策的实施效果。在广泛回顾国内外关于消费券、使用意愿及其影响因素的文献后，我们运用扎根理论对数据进行深度解析，成功构建一个旅游消费券使用意愿影响机理模型。该模型清晰地揭示了我国旅游消费券使用意愿的现状，同时揭示不同群体在使用意愿上的异质性特征，验证个人感知因素、政策感知因素、情境因素、习惯因素等对旅游消费券使用意愿的显著影响。基于此，本书有针对性地提出了系列改进措施和政策建议，旨在提升旅游消费券的使用效率与政策效果。本章将整理出主要结论，整合研究的创新点，并提出研究在研究方法调查样本和模型构建存在局限以及对未来研究的展望。

8.1 研究结论

8.1.1 质性研究结论

基于扎根理论的深入应用，本书构建了"旅游消费券使用意愿影响机理模型"。该模型围绕五个核心影响领域展开，即政策感知因素、个人感知因素、情境因素、习惯因素以及个人特征变量。这五大范畴各自对旅游消费券使用意愿产生独特且深远的影响，具体阐述如下。

（1）个人特征变量对旅游消费券使用意愿存在影响

人口统计学特征、旅游方式特征以及旅游消费特征直接影响旅游者的消费券使用意愿。具体而言，人口统计学特征包含性别、年龄、学历以及家庭类型等；旅游方式特征因素包含游客类型、旅游方式以及旅游动机；旅游者消费特征包括消费预算和消费券使用情况。

（2）个人感知因素对旅游消费券使用意愿产生影响

个人感知因素涵盖三个分变量，分别是：个体态度、主观规范和知觉行为控制。这三个变量皆被视为驱动个体行为的内在驱动力，直接影响个体的行为意向，即个体态度、主观规范和知觉行为控制直接影响旅游消费券的使用意愿。

（3）政策感知因素通过个人感知因素对旅游消费券使用意愿产生影响

政策感知因素涵盖感知有用性和感知易用性。结合扎根分析结果，感知有用性细分为使用可信度和经济价值；感知易用性细分为领取便利性和核销便利性。两大子范畴和四个细分因素均被认为通过个人感知因素对旅游消费券使用意愿产生影响。

（4）情境因素对个人感知因素作用于旅游消费券使用意愿的路径存在调节作用

在实际生活中，个体的感知并不总是能够顺利转化为行为意向，外部环境因素时常导致两者之间出现偏离。根据深度访谈反馈，旅游者在谈及影响消费券使用意愿的外部因素时，频繁提及目的地环境水平及服务质量。据此，本研究将目的地环境水平与服务质量归类为情境因素，并认为这些因素在一定程度上调节着个人感知因素与旅游消费券使用意愿之间的关联。

（5）习惯因素对个人感知因素作用于旅游消费券使用意愿的路径存在调节作用

借鉴人际行为理论与目标框架理论的观点，习惯因素对个体行为具有明显的惯性驱动作用。当个体追求舒适体验的需求强烈，且过去频繁实施某种行为时，他们对该行为的思考与判断将相应减少，进而促进该行为习惯的巩固。访谈中，参与者普遍反映，在旅游过程中，为了便捷与减少麻烦，他们不会使用旅游消费券。据此，本书将舒适偏好与过去行为纳入习惯因素范畴，并认为这两方面因素对个人感知因素向消费券使用意愿转化的过程具有显著的调节效应。

8.1.2 量化研究结论

研究运用 SPSS 与 AMOS 软件对旅游消费券使用意愿影响机制进行了量化探究。首先，借助描述性统计分析揭示旅游消费券使用意愿及其各相关影响变量的现状概貌，同时对个人特征变量的差异性进行了深入剖析。其次，通过对旅游消费券使用意愿与各影响变量间相关性的考察，量化评估各因素与旅游消费券使用意愿的关联紧密程度。再次，依据构建的旅游消费券使用意愿影响机制模型，验证了政策感知因素、个人感知因素对旅游消费券使用意愿的影响路径，以及情境因素与习惯因素对使用意愿形成的调节效应。量化研究所得主要结论如下。

8.1.2.1 旅游消费券整体的满足程度分析结论

现有消费者对于旅游消费券政策的整体满意程度并不理想。根据调查问卷统计的数据显示，有 19.79% 的消费者领取过但是最终并没有核销，所有领取过和核销过旅游消费券的游客中仅有 47% 是对于消费券的体验过程感到满意。其中，优惠力度、消费券的数量和使用时间的限制被认为是最能影响消费券使用的两个因素。如果消费者认为旅游消费券提供的折扣或优惠幅度不够吸引人，不足以抵消他们原本对价格敏感的部分，或者未能与其他促销活动或市场价格形成明显优势，那么他们可能不会觉得有必要使用这些消费券。消费者往往期待获得显著的实惠，若优惠力度仅带来微小节省，可能会导致他们放弃使用消费券。优惠力度较小的消费券可能导致消费者对其价值感知低，认为使用消费券所节省的金额与其为此付出的努力（如寻找符合条件的商家、规划出行时间等）不成正比。这种情况下，即使领取消费券，消费者也可能因为觉得"不划算"而不去核销。

8.1.2.2 旅游消费券使用意愿特征差异分析结论

旅游消费券使用意愿在人口传记特征存在差异。在性别上，女性比男性更愿意使用旅游消费券。显然，女性在购物和消费决策上通常表现出更高的活跃度和参与度。她们更倾向于寻找和利用优惠券、折扣等促销手段来优化支出，以实现更高的性价比。旅游消费券作为一种节省旅行开支的有效工具，同样被女性消费者积极采纳和利用。在年龄上，中青年人群对旅游消费券的使用意愿明显较高。中青年人普遍对新技术和数字化工具接受度高，擅长利用互联网和移动设备获取信息、预订服务。他们能迅速掌握消费券的获取、使用规则，轻松参与到各类线上促销活动中。这种对数字消费的熟悉和适应性使他们更容易接触到并有效利用旅游消费券。在受教育程度上，具备大专及以上学历的旅游者在使用旅游消费券的意愿上展现出更为积极的态度。高学历人士通常具备较强的信息获取、理解和处理能力。他们能够快速理解旅游消费券的使用规则、优惠细则及潜在价值，更准确地评估消费券在实际旅游消费中的节省效果，从而更愿意利用这一经济工具来优化旅行成本。在家庭结构上，独生子女在旅游消费券使用意愿表现上更好。这可能源于独生子女的家庭教育背景、社交需求特点以及对政策信息的敏感度，使得他们在面对旅游消费券时，更倾向于积极获取并利用，以实现更经济、更自由、更丰富的旅游体验。已婚无子女的群体在旅游消费券使用意愿上整体较高。无子女的已婚夫妇可能是因为他们具有更灵活的时间安排、更强烈的夫妻共享体验需求以及更明确的未来规划考虑，促使他们在面对旅游消费券时，表现出更高的使用意愿。

旅游消费券使用意愿在旅游方式特征存在差异。在出游距离上，目的地多在本市的旅游者，其旅游消费券使用意愿分值最高；在出游时长上，旅游消费券使用意愿随着外出时长增加而降低。对于在本市旅游的消费者，使用旅游消费券通常意味着更低的交通成本和更高的便利性，可以在短途旅行中享受即时的优惠，感知到明显的成本节省，因此消费券的使用意愿较高。长途旅行涉及更多的不确定性，如天气变化、交通延误、旅行安全等，这些因素可能会影响消费者的旅行决策和消费行为。相比之下，短途旅行的风险和不确定性较小，消费者更愿意在相对稳定的环境下使用旅游消费券，以确保优惠得以充分利用。在旅游方式上，自由行者比跟团游者更倾向于使用消费券；在同行人员上，自己旅游和与朋友同行的旅游消费券使用意愿分值普遍高于其他的旅游者。自由行者在旅游方式上的高度自主性、成本敏感性以及决策自主性，使其更倾向于使用旅游消费券。自己旅游或与朋友同行的旅游者因为具有相似的决策自由度、成本节约动机以及社交动力的特点，其消费券使用意愿也普遍高于其他类型的旅游者。

旅游消费券使用意愿在消费特征存在差异。在消费预算上，旅游消费券使用意愿随人均旅游消费预算升高而降低，主要是因为预算充足的消费者对价格敏感度较低、更注重旅行品质和服务、具有较高的风险承受能力和特定的社会身份认同，消费券的边际效用递减；同时整体随旅游消费支出占年收入比例升高而升高，消费者更重视经济实惠、对价格敏感度提高，消费券的使用符合其消费观念和实际经济状况，因此使用意愿升高。在过往消费券、抵扣券使用频率上，旅游消费券使用意愿与过往消费券、抵扣券使用频率呈正相关。频繁使用消费券的消费者在经验、认知、习惯、信任、信息获取以及消费心理等方面存在优势，导致他们对旅游消费券的使用意愿较高。

8.1.2.3 旅游消费券使用意愿影响机理研究结论

使用可信度、经济价值、领取便利性和核销便利性四个政策感知因素直接作用于旅游消费券使用意愿，同时亦可通过个人感知因素（个体规范、主观规范、知觉行为控制）间接作用于旅游消费券使用意愿；情境因素（环境水平、服务质量）和习惯因素（舒适偏好、过去行为）作为调节变量，各个因素均可作用于旅游消费券使用意愿，但作用路径各有不同。从个人感知因素、政策感知因素、情境因素和习惯因素出发，提出引导旅游者消费券使用系列策略：个体态度转变策略、主观规范强化策略、知觉控制提升策略、使用可信度增强策略、经济价值提高策略、领取便利性改善策略、核销便利性优化策略、环境水平提升策略、服务质量保障策略、舒适偏好导向策略以及习惯行为养成策略。

8.2 主要创新点

在当前的研究背景下，关于消费券的宏观经济效应评估呈现出显著的异质性，尤其在衡量其撬动效应方面，不同研究机构所得结论差异明显，这一比率范围跨越了从 1 : 2 至高达 1 : 11 的区间，这种现象反映了在理解和量化消费券政策的实际效能时所面临的挑战与复杂性。其中一个重要原因是，当前多数研究在探讨消费券效应时往往忽视了背景因素的影响，而这些因素可能对结果产生显著扰动，使得因果关系与相关性难以精准区分。

现有研究大多集中在宏观层面，却鲜有关注到微观主体的行为响应，尤其是消费者的个体决策及其对未来经济政策的心理预期。大量实证研究已经证实，微观主体的预期行为对经济政策执行效果具有不可忽视的重要影响。鉴于旅游消费券政策的核心目标群体正是广大消费者，因此，从消费者的角度深入探究旅游消费券政策的实施效果，无疑能够提供更为直接且贴切的理解途径。

本书力求在既有研究基础上实现内容创新，致力于开发一套以需求侧视域为核心，全面评价旅游消费券实施效果的维度体系。构建了一个综合考虑了个人特征变量（如年龄、收入、消费习惯等）及经济效用等多元因素的理论模型，旨在深入解析各影响因子如何通过不同的作用路径共同影响旅游消费券的实施效果，从而填补现有研究在此方面的空白。

在研究方法上也有所创新，不再单纯依赖定量研究方法，而是采取定性研究与定量研究相结合的方式，力图全方位、多角度地探索旅游消费券的选择规律以及其实际运行效果。这种方法论上的突破，有助于研究从微观经济学的视角出发，更加细腻入微地揭示和剖析旅游消费券在个体消费者层面的应用规律，为未来旅游消费券的相关研究提供崭新的研究范式和理论支撑。通过对旅游消费券实施效果的深度挖掘和科学评估，期望能为政府制定更精准有效的旅游刺激政策提供有力依据和参考。

8.3 研究局限与展望

虽然本书在研究过程中始终秉持严谨的科学态度，力求最大限度地保证研究的准确性和可靠性，但仍然存在一些不容忽视的局限性。

研究方法的局限性。尽管本书已运用了定性与定量研究手段的整合策略，旨在从消费者视角深入剖析旅游消费券政策的实际执行效果，但此类研究设计依然无法避免若干固有局限性。定量数据的获取主要依赖问卷调查。尽管问卷经过精心设计，旨在量化消费者对旅游消费券使用意愿以及其影响程度等关键指标，但这种形式化的数据收集手段存在天然的屏障。问卷往往要求受访者以标准化、预设选项的形式反馈意见，可能导致个体复杂且微妙的心理感受、动机以及决策过程简化为数值或等级评分。消费者对旅游消费券的实际体验、使用障碍、政策感知的细微差异，以及这些因素如何交织影响其消费行为，可能在问卷中难以充分表达或被精准捕捉。建议后续研究者在进行旅游消费券的使用效果课题研究时，可尝试结合实地观察法，以期实现对其认知与行为一致性更为准确地把握。这种"现场直击"的研究方式不仅能有效弥补问卷调查可能存在的失真问题，提高数据的可信度，同时也有助于增强研究结果的外部效度，使其更贴近现实情境，对旅游消费券使用的复杂性和动态性做出更精确的刻画。

调查样本的局限性。本书共收集到 2127 份有效问卷，这一数量不仅满足了进行统计分析与构建模型所需的最低样本基数要求，而且在地域分布及个人背景属性方面呈现出较好的均衡性。样本总体特征与社会人口构成相吻合，确保了研究结果与现实认知之间的合理对应，整个数据收集过程中未发现任何异常情况。值得注意的是，尽管整体样本规模充足且分布相对均匀，但对于某些特定年龄段群体的数据代表性则稍显不足。这意味着在探讨这些特定年龄段人群对于旅游消费券的使用意愿时，可能存在归纳概括上的局限性。因此，对于这些特定年龄段人群的旅游消费券使用意愿及其影响因素的深入剖析，本书提供的证据尚不够充分，有待未来研究通过针对性的数据采集策略予以补充和完善。

影响模型的局限性。本书针对旅游消费券使用意愿的影响因素进行系统性探究，并建立了相应的机理模型，详尽分析各个因素对旅游消费券使用意愿产生的作用。然而，我们必须认识到，旅游消费券的使用是一个涉及多个层面与多种因素相互交织、动态变化的过程。尽管本书已涵盖多项重要的影响因素，但仍有可能存在其他未被纳入考量的潜在因素，它们可能在不同程度上影响着旅游消费券的使用行为。此外，书中所研究的各个因素之间并非孤立存在，它们可能存在复杂的相互作用关系，形成一种多元素叠加、交互影响的格局，而这在当前研究中尚未进行全面细致的探讨。基于以上认识，未来的研究可以继续在本书的基础上深化拓展，一方面寻求发现更多可能影响旅游消费券使用意愿的隐藏因素，另一方面着力揭示并量化分析各影响因素间的相互作用和综合效应，以期构建更为完整、精细的理论模型，从而对旅游消费券政策的有效实施与优化提供更具指导性的理论支持和实践参考。

参考文献

英文文献

[1] Ajzen I. The theory of planned behavior [J] . Organizational behavior and human decision processes, 1991, 50: 179–2117.

[2] Bagozzi R P, Baumgartner H, Youjae Yi. State versus action orientation and the theory of reasoned action: An application to coupon usage [J] . Journal of Consumer Research, 1992, 18 (4): 505–518.

[3] Baker J, Levy M, Grewal D. An experimental approach to marketing retail sore environment decisions [J] . Journal of retailing, 1992, 68 (4): 445–460.

[4] Ballantyne R, Packer J, Falk J. Visitors' learning for environmental sustainability: Testing short–and long–term impacts of wildlife tourism experiences using structural equation modelling [J] . Tourism

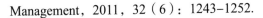

Management, 2011, 32（6）: 1243-1252.

　　［5］Bamberg S, Ajzen I, Schmidt P. Choice of travel mode in the theory of planned behavior: the roles of past behavior, habit, and reasoned action［J］.Basic and applied social psychology, 2003, 25（3）: 175-187.

　　［6］Baron R M, Kenny D A. The moderator-mediator variable distinction in social psychological research: Conceptual, strategic, and statistical considerations［J］. Journal of Personality and Social Psychology, 1986, 51（6）, 1173 - 1182.

　　［7］Barr S, Gilg A, Shaw G.Helping People Make Better Choices: Exploring the behavior change agenda for environmental sustainability［J］. Applied Geography, 2011, 31（2）: 712 - 720.

　　［8］Bodur M, Sarigollu E. Environmental sensitivity in a developing country: consumer classification and implication［J］. Environment and Behavior, 2005, 37（4）: 487-510.

　　［9］CHEN M F. Impact of fear appeals on pro- environmental behavior and crucial determinants［J］.International Journal of Advertising, 2016, 35（1）: 74-92.

　　［10］Fishbein M, Ajzen I. Belief, Attitude, Intention, Behavior. Addision-Wesley, Reading, MA, 1975.

　　［11］Fitzmaurice J. Incorporating consumers' motivations into the theory of reasoned action［J］. Psychology & Marketing, 2005, 22（11）: 911-929.

　　［12］Friedman Milton. Capitalism and Freedom［M］. The University of Chicago Press, 1982: 77-78.

［13］Fulton D C, Manfredo M J, Lipscomb J. Wildlife value orientations: a conceptual and measurement approach［J］.Human Dimensions of Wildlife: An International Journal, 1996, 1（2）: 24-47.

［14］Gibson B. The effect of（negative）emotion on pro-environmental behavior: an application of the theory of planned behavior［D］. Finland: Jyväskylä University School, 2016.

［15］Goossens C. Tourism Information And Pleasure Motivation［J］. Annals of Tourism Research, 2000, 27（2）: 301-321.

［16］Guagnano G A, Stern P C, Dietz T. Influences on attitude-behavior relationships: A natural experiment with curbside recycling［J］. Environment and Behavior, 1995, 27（5）: 699-718.

［17］Hee S P. Relationships among attitudes and subjective norm: Testing the theory of reasoned Action across cultures［J］. Communication Studies, 2000, 51（2）: 162-175.

［18］Hines J M, Hungerford H K, Tomera A N. Analysis and synthesis of research on responsible environmental behavior: a meta-analysis［J］. The Journal of Environmental Education, 1986, 18（2）: 1-8.

［19］Kaiser F G, Wölfing S, Fuhrer U. Environmental attitude and ecological behavior［J］.Environmental Psychology, 1999, 19（1）: 1-19.

［20］Kil N, Holland S M, Stein T V. Structural relationships between environmental attitudes, recreation motivations, and environmentally responsible behaviors［J］. Journal of Outdoor Recreation and Tourism, 2014, 7-8: 16-25.

［21］Kl Ckner C A, Bl Baum A. A comprehensive action determination model: Toward a broader understanding of ecological behaviour using the example of travel mode choice ［J］. Journal of Environmental Psychology, 2010, 30（4）: 574–586.

［22］Lam T, Baum T, Pine R. Moderating effect on new employee's job satisfaction and turnover intentions: The role of subjective norm ［J］. Annals of Tourism Research, 2003, 30（1）: 160–177.

［23］Lam T, Hsu C H C. Predicting Behavioral Intention of Choosing a Travel Destination ［J］. Tourism Management, 2006, 27（4）: 589–599.

［24］Levenson H. Activism and powerful others: Distinctions within the concept of internal–external control ［J］. Journal of Personality Assessment, 1974, 38（4）: 377–383.

［25］Luo Y, Deng J. The New Environmental Paradigm and Nature–Based Tourism Motivation. Journal of Travel Research ［J］. 2007, 46（4）: 392–402.

［26］MacKinnon D P, Lockwood C M, Williams J. Confidence limits for the indirect effect: Distribution of the product and resampling methods ［J］. Multivariate Behavioral Research, 2004, 39（1）, 99–128.

［27］Mark Blaug. Education vouchers—it all depends on what you mean. in J.Le Grand and R.Robinson（eds）: Privatisation and the Welfare State, Allen & Unwin, 1984, p. 160.

［28］Miller D, Merrilees B, Coghlan A. Sustainable urban tourism: Understanding and developing visitor pro- environmental behaviours ［J］. Journal of Sustainable Tourism, 2015, 23（1）: 26–46.

［29］Miller D, Merrilees B, Coghlan A. Sustainable urban tourism: Understanding and developing visitor pro- environmental behaviours ［J］. Journal of Sustainable Tourism, 2015, 23（1）: 26–46.

［30］Mittal B. An Integrated Framework for Relating Diverse Consumer Characteristics to Supermarket Coupon Redemption［J］. Journal of Marketing Research, 1994, 31（4）: 533–544.

［31］Nicholas Barr: The Economics of the Welfare State（3rd ed.）, Stanford University Press, 1998, pp. 347–348.

［32］Prideaux B. The role of the transport system in destination development［J］. Tourism Management, 2000, 21: 53–63.

［33］Reibstein D J, Traver P A. Factors Affecting Coupon Redemption Rates［J］. Journal of Marketing, 1982, 46（4）（Fall）: 102–113.

［34］Rotter J B. Generalized expectancies for internal versus external control of reinforcement［J］.Psychological Monographs: General and Applied, 1996, 80（1）: 1–28.

［35］Sageant A, Ford J B, West D C. Perceptual determinants of nonprofit giving behavior［J］. Journal of Business Research, 2006, 59（2）: 155–165.

［36］Schiffman L G, Kanuk L L. Consumer Behavior［M］. 7d ed. Prentice – Hall, 2000.

［37］SchwartzS H.Normative Influences on Altruism［M］//Berkowitz L. Advances in Experimental Social Psychology. New York: Academic Press, 1977: 221–279.

［38］Stern P C, Dietz T, Abel T, et al. A value–belief–norm theory of support for social movements: The case of environmentalism［J］. Human ecology review, 1999: 81–97.

［39］Strauss A L, Corbin J M. Basic of qualitative research: grounded theory procedures and techniques［M］. Newbury Park: Sage Publications,

1990.

[40] Swaminathan S, Bawa K. Category-Specific Coupon Proneness: The Impact of Individual Characteristics And Category-Specific Variables [J] . Journal of Retailing, 2005, 81 (30): 205-214.

[41] TAM K P.Anthropomorphism of nature, environmental guilt, and pro-environmental behavior [J] . Sustainability, 2019, 11 (19): 5430.

[42] Trebilcock Michael J, Daniels Ronald J. Rethinking the Welfare State [M] . Government by Voucher, Routledge, 2015: 14-15.

[43] Triandis, Harry C. Values, attitudes, and interpersonal behavior [J] . Nebraska Symposium on Motivation, 1979, 27: 195-259.

[44] Vaske J J, Donnelly M P. A Value-Attitude-Behavior Model Predicting Wildland Preservation Voting Intentions [J] .Society and Natural Resources, 1999 (6): 523-537.

[45] Vinson D E, Scott J E, Lamont L M. The role of personal values in marketing and customer behavior [J] .Journal of Marketing, 1977, 41 (2): 44-50.

[46] Wheeller B, T Hart, P Whysall. Application of the Delphi technique: A reply to Green, Hunter and Moore. Tourism Management, 1990, 11 (2): 121-122.

[47] Young R D. Recycling as appropriate Behavior: A review of survey data from selected recycling programs conservation and recycling education programs in Michigan [J] . Resources, Conservation and Recycling, 1990, 3 (4): 253-266.

中文文献

[1] 白凯，马耀峰，李天顺，等．西安入境旅游者认知和感知价值与行为意图 [J]．地理学报，2010，65（2）：244-255.

[2] 曹灿明．金融危机背景下江苏省旅游市场开发策略研究 [J]．资源开发与市场，2010，26（6）：567-570.

[3] 曾武灵，汪克夷，李珊珊．游客重游意愿的决定规划：基于滨海生态旅游区的实证研究 [J]．管理评论，2011，23（3）：90-97.

[4] 曾燕，康俊卿，王一君．消费券政策可以有效刺激消费吗？——对消费券政策精准补贴与自筛选特征的微观机制理论分析 [J]．计量经济学报，2022，2（3）：548-577.

[5] 常伟．消费券的经济分析 [J]．中国物价，2009（4）.

[6] 陈向明．质的研究方法和社会科学研究 [M]．北京：教育科学出版社，2000.

[7] 陈向明．质性研究：反思与评论 [M]．重庆：重庆大学出版社，2008.

[8] 邓爱民，祝小林．结伴出游对不文明旅游行为约束效果研究——基于网络内容分析 [J]．武汉商学院学报，2018，32（1）：5-9.

[9] 邓梅．国内旅游者旅游安全认知状况分析 [J]．社会科学家，2013（5）：72-75.

[10] 段炳德．对消费券政策的作用局限性分析 [N]．国际商报，2010-12-22（28）.

[11] 方杰，张敏强，邱皓政．中介效应的检验方法和效果量测量：回顾与展望 [J]．心理发展与教育，2012，28（1）：105-111.

[12] 高鸿业．西方经济学（微观部分）：第七版 [M]．北京：中国

人民大学出版社，2018.

［13］郭亚军，曹卓.旅游消费券效用的行为经济学分析［J］.消费经济，2009，25（5）：67-70.

［14］韩立宁，吴晋峰，王奕祺，等.入境外国游客旅游行为性别差异研究［J］.软科学，2012，26（11）：130-134+140.

［15］何吴明，郑剑虹.心理学质性研究：历史、现状和展望［J］.心理科学，2019，42（4）：1017-1023.

［16］胡卫华.发放旅游消费券要规范［J］.经营与管理，2009（12）：14-16.

［17］黄涛，刘晶岚，唐宁，等.价值观、景区政策对游客环境责任行为的影响——基于 TPB 的拓展模型［J］.干旱区资源与环境，2018（10）：88-94.

［18］黄潇婷，刘春.旅游同伴角色对旅游者行为的制约影响——以香港海洋公园为例［J］.人文地理，2016，31（2）：128-135.

［19］黄雪丽，路正南，Yasong Alex WANG.基于 TPB 和 VBN 的低碳旅游生活行为影响因素研究模型构建初探［J］.科技管理研究，2013（21）：181-190.

［20］黄祖辉，胡豹.经济学的新分支：行为经济学研究综述［J］.浙江社会科学，2003（2）：70-77.

［21］贾哲敏.扎根理论在公共管理研究中的应用：方法与实践［J］.中国行政管理，2015（3）：90-95.

［22］郎贤萍，汪侠.旅游消费券发放模式初探［J］.消费经济，2012，28（2）：71-74.

［23］李梅志.旅游消费券助推郑州经济发展［J］.中国商贸，2010（19）：156-157.

［24］李树旺，李京律，刘潇锴，等 . 滑雪旅游服务质量评价与后北京冬奥会时期的优化对策——从北京雪场滑雪游客感知的视角切入［J］. 北京体育大学学报，2022，45（5）：146-161.

［25］李雪丽，臧德霞 . 我国旅游消费券发放的政策效应［J］. 社会科学家，2010（3）：84-88.

［26］李月琳，何鹏飞 . 国内技术接受研究：特征、问题与展望［J］. 中国图书馆学报，2017，43（1）：29-48.

［27］李政军 . 微观经济学十讲［M］. 北京：中国人民大学出版社，2020.

［28］厉新建，李兆睿，宋昌耀，等 . 基于计划行为理论的虚拟旅游行为影响机制研究［J］. 旅游学刊，2021，36（8）：15-26.

［29］梁楠楠，任黎秀，钟士恩，等 . 中国特色体制下的"G+4P"旅游营销策略概念模型——实证分析南京市"乡村旅游消费券"［J］. 江西农业学报，2010，22（12）：175-177+180.

［30］林斌，杨德明，严韶俊 . 基于舞弊钻石理论的"29岁现象"探析［J］. 财会月刊，2021（5）：10-18.

［31］林素钢 . 对"消费券"政策的理性分析——消费券的效果评价及政策建议［J］. 价格理论与实践，2009（3）：15-16.

［32］林毅夫，沈艳，孙昂 . 中国政府消费券政策的经济效应［J］. 经济研究，2020，55（7）：4-20.

［33］芦慧，刘霞，陈红，等 . 组织亲环境价值观结构与现状：宣称与执行的视角［J］. 经济管理，2016，38（8）：186-199.

［34］陆敏，殷樱，陶卓民 . 基于计划行为理论的游客不文明行为产生机理研究［J］. 干旱区资源与环境，2019，33（4）：196-202.

［35］吕宛青，葛绪锋 . 高校学生对混合式教学接受意愿的实证研

究——基于 TAM 和 TPB 的整合模型［J］.云南大学学报（自然科学版），2020，42（S1）：97-105.

［36］骆泽顺，林璧属.旅游情境下内隐—外显地方依恋模型研究——基于心理学视角［J］.旅游学刊，2014，29（12）：45-54.

［37］孟茹，任中峰."旅游消费券"在杭州的休闲传播效果研究［J］.消费导刊，2010（8）：2-4.

［38］芈凌云.城市居民低碳化能源消费行为及政策引导研究［D］.北京：中国矿业大学，2011.

［39］潘丽丽，王晓宇.景区情境因素对游客环境行为意愿影响研究——以西溪国家湿地公园为例［J］.湿地科学，2018，16（5）：597-603.

［40］清华大学假日制度改革课题组，蔡继明.中国假日制度改革的政治经济学分析［J］.学习与探索，2009（5）：30-39.

［41］邱宏亮，周国忠.旅游者环境责任行为：概念化、测量及有效性［J］.浙江社会科学，2017（12）：88-98.

［42］邱宏亮.道德规范与旅游者文明旅游行为意愿——基于 TPB 的扩展模型［J］.浙江社会科学，2016（3）：96-103.

［43］阮淮岭（HoaiLinh Nguyen）.越南河内城市居民的旅游消费行为特征及影响因素研究［D］.扬州：扬州大学，2024.

［44］沈雪，张露，张俊飚，等.稻农低碳生产行为影响因素与引导策略——基于人际行为改进理论的多组比较分析［J］.长江流域资源与环境，2018，27（9）：2042-2052.

［45］石晓宁.基于计划行为理论的低碳旅游行为意向影响因素研究［D］.广州：华南理工大学，2013.

［46］王忠福，张利.城市居民对旅游经济和环境影响因素感知的结

211

构方程分析——以大连市为例［J］．四川师范大学学报（社会科学版），
2011，38（1）：70-78.

［47］宋奇．行为决策理论研究综述［J］．首都经济贸易大学学报，
2010，12（4）：85-91.

［48］孙岩．居民环境行为及其影响因素研究［D］．大连：大连理工
大学，2006.

［49］谭春辉，王一君．微信朋友圈信息分享行为影响因素分析［J］．
现代情报，2020，40（2）：84-95+102.

［50］汪侠，吴小根，章锦河，等．基于结构方程模型的旅游消费券
效用影响因素研究——以杭州市为例［J］．地理研究，2012，31（3）：
543-554.

［51］汪侠，甄峰，吴小根．旅游消费券效用差异及其成因分析［J］．
财经问题研究，2012（8）：123-129.

［52］汪侠．旅游消费券效用的模糊综合评价［J］．统计与决策，
2012，368（20）：87-89.

［53］王昶，章锦河．计划行为理论在国内旅游研究中的应用进展
与启示［J］．山东师范大学学报（人文社会科学版），2017，62（1）：
131-139.

［54］王德刚，王娟．供给与消费两端发力，促进消费拉动增长——
关于疫情防控常态化背景下提振文化和旅游消费的思考［J］．人文天下，
2020（11）：8-11.

［55］王德林．教育券：由来、实质、意义和评价［J］．社会科学战
线，2007（2）：219-222.

［56］王典典．消费券促内需的效果——以杭州旅游消费券为例［J］．
经营与管理，2010（6）：32-33.

［57］王凯，李志苗，肖燕.城市依托型山岳景区游客亲环境行为——以岳麓山为例［J］.热带地理，2016，36（02）：237-244.

［58］王庆生，刘诗涵.新冠肺炎疫情对国内游客旅游意愿与行为的影响［J］.地域研究与开发，2020，39（4）：1-5.

［59］王淑娟.影响旅游消费券消费的因素分析［J］.商业时代，2009（36）：26+73.

［60］王维玲，余婷婷，周晓婷，等.杭州旅游消费券对杭州经济的影响的调查分析［J］.金融经济，2010（22）：29-31.

［61］王晓宇.情境因素对游客破坏环境行为的影响研究［D］.杭州：浙江工商大学，2018.

［62］王莹，杨晋，徐月异，等.旅游消费券效用分析及对策研究［J］.消费经济，2009，25（5）：64-66+70.

［63］王莹，杨晋.旅游消费的政策影响因素研究及启示——基于在杭消费者的调查［J］.经济地理，2012，32（1）：163-167.

［64］王莹，杨晋.旅游消费券感知研究及启示——基于在杭消费者的调查［J］.消费经济，2010，26（5）：56-59.

［65］王跃武.论旅游消费券的制度设计［J］.吉首大学学报（自然科学版），2012，33（5）：106-109.

［66］王兆峰，谢娟.旅游网站信息搜寻对旅游者行为决策影响的评价分析［J］.人文地理，2013，28（6）：142-146.

［67］温忠麟，侯杰泰，张雷.调节效应与中介效应的比较和应用［J］.心理学报，2005（2）：268-274.

［68］温忠麟，刘红云，侯杰泰.调节效应与中介效应分析［M］.北京：教育科学出版社，2012.

［69］温忠麟，张雷，侯杰泰，等.中介效应检验程序及其应用［J］.

心理学报，2004，36（5）：614-620.

　　［70］吴霜霜.航空旅行者碳减排行为及影响因素研究［D］.上海：华东师范大学，2016.

　　［71］夏凌云，于洪贤，王洪成，等.湿地公园生态教育对游客环境行为倾向的影响——以哈尔滨市5个湿地公园为例［J］.湿地科学，2016（1）：72-81.

　　［72］肖智润，周健杰，谢俊康，等.当代大学生信用认知的现状、问题及对策——上海地区大学生信用认知调查分析［J］.征信，2017，35（8）：47-53.

　　［73］徐菊凤.北京市居民旅游行为特征分析［J］.旅游学刊，2006（8）：34-39.

　　［74］徐林，凌卯亮，卢昱杰.城市居民垃圾分类的影响因素研究［J］.公共管理报，2017，14（1）：142-153+160.

　　［75］许芳，杨杰，田萌，等.微信用户后悔情绪影响因素与应对策略选择——基于SEM与fsQCA的研究［J］.图书情报工作，2020，64（16）：67-80.

　　［76］薛佳.浅议旅游消费券的政府发放行为及其再思考［J］.全国商情（理论研究），2010（3）：100-101.

　　［77］薛群慧，包亚芳，白鸥.影响国民旅游需求刺激计划效益的因素探析——以浙江旅游消费券研究为例［J］.学术探索，2010（5）：25-30.

　　［78］杨晋.旅游消费的政策性影响因素感知研究［D］.杭州：浙江工商大学，2011.

　　［79］杨科.基于中国经济现状的"准货币"分析［EB/01］.2006/06/15 http：//business.sohu.com/20060615/n243756226.shtml.

［80］杨冉冉.城市居民绿色出行行为的驱动机理与政策研究［D］.北京：中国矿业大学，2016.

［81］杨舒，张鹭，马佳欣，等.电商环境下北京高校大学生消费行为的性别差异研究［J］.现代商业，2022（35）：11–14.

［82］杨勇.社会交往、旅游情境对旅游需求的影响研究——基于春节"黄金周"的实证分析［J］.旅游学刊，2016，31（10）：56–69.

［83］叶建华.消费券发放的经济效应分析［J］.上海经济研究，2009（5）：99–102.

［84］于丹，董大海，刘瑞明，等.理性行为理论及其拓展研究的现状与展望［J］.心理科学进展，2008（5）：796–802.

［85］余凤龙，黄震方，侯兵.苏南地区农村居民旅游消费行为的影响路径研究［J］.旅游学刊，2018，33（8）：68–82.

［86］余晓婷，吴小根，张玉玲，等.游客环境责任行为驱动因素研究——以台湾为例［J］.旅游学刊，2015（7）：49–59.

［87］余真真，田浩.亲环境行为研究的新路径：情理合一［J］.心理研究，2017，10（3）：41 – 47.

［88］岳婷.城市居民节能行为影响因素及引导政策研究［D］.北京：中国矿业大学，2014.

［89］张郴，张树夫，陶卓民.基于机器学习技术的旅游方式偏好研究——以南京市为例［J］.人文地理，2010，25（1）：155–160.

［90］张旭昆，姚蕾.消费券经济效应分析［J］.宁波大学学报（人文社会科学版），2010，23（5）：97–100.

［91］张玉玲，郭永锐，郑春晖.游客价值观对环保行为的影响——基于客源市场空间距离与区域经济水平的分组探讨［J］.旅游科学，2017，31（2）：1–14.

［92］张圆刚，余向洋，程静静，等.基于 TPB 和 TSR 模型构建的乡村旅游者行为意向研究［J］.地理研究，2017，36（9）：1725-1741.

［93］赵阳，冯学钢.体育旅游服务质量对游客体验质量与行为意向的影响［J］.上海体育学院学报，2023，47（12）：57-71，82.

［94］钟洲，蔡跃洲.数字消费补贴与公平竞争政策［J］.广东社会科学，2024（1）：27-36.

［95］周媛，梅强，侯兵.基于扎根理论的旅游志愿服务行为影响因素研究［J］.旅游学刊，2020，35（9）：74-89.

附录 1

旅游消费券访谈提纲

尊敬的女士/先生：

您好！我们十分荣幸能邀请您参与本次关于我国旅游消费券相关问题深度研讨及影响机制探索的访谈。本访谈所收集的所有数据将严格限于学术研究目的使用，绝无任何商业用途，并且我们会确保您的所有信息得到严格的保密处理。请您基于自身实际情况，无须顾虑，坦诚分享您的观点和经验，衷心感谢您对此次研究工作的支持与配合！

中国旅游研究院（文化和旅游部数据中心）

第一部分　引入情境

1. 在过去三年的时间里，您是否曾经有过外出旅游的经历呢？如果有的话，能否分享一下您对此的整体印象和感受？

2. 在这些旅游经历中，是否使用过旅游消费券？请您回忆并详细描述一下当时的情境。

3.您使用过后，对旅游消费券的整体使用感受如何？

第二部分　访谈提纲

1.谈一谈您对"旅游消费券"的理解，您对旅游消费券相关政策了解多少？

2.从消费者的角度看，您认为影响旅游消费券使用的问题或障碍主要是什么？为什么？

3.您认为哪些因素可能会影响到消费者使用旅游消费券的意愿？可以列举具体事例。

4.您认为旅游消费券在何种程度上改变了消费者的出行习惯和旅游目的地选择？如何通过改进消费券的设计，引导消费者更多地关注小众景点或绿色低碳旅游？

5.谈谈您对于今后推动我国旅游消费券的发放和管理的具体建议以及措施。

附录 2

旅游者消费券使用意愿调查问卷

尊敬的旅游者朋友：

您好！

我是中国旅游研究院的研究人员，欢迎您参加本次问卷调查。本次问卷调查的目的是了解旅游者在游览过程中的旅游消费券的使用情况，请您仔细阅读问卷问题，按照您的真实感受和情况选择相应的答案，答案及选项无对错之分，请不要有任何顾虑。您的回答对我们有很重要的意义。本次调查采用匿名方式，问卷结果仅用于学术研究，相关信息严格保密，请您放心填写。完成此调查大约 5~10 分钟，请合理安排时间，认真作答。

再次对您的支持和配合予以诚挚的谢意！

中国旅游研究院（文化和旅游部数据中心）

1. 请回忆您以往的旅游经历，根据实际情况，在选项下画"√"。

1-1 您之前是否有领取或核销过旅游消费券的经历？

A. 从未参与过相关活动

B. 领取过但是最终没有核销使用

C. 领取并核销过旅游消费券

1-2 若领取或核销过旅游消费券，您对领取或核销的满意程度如何？

A. 非常满意

B. 满意，整体还可以

C. 感觉一般

D. 个别方面不太满意

E. 非常不满意

1-3 您个人认为最能影响旅游消费券使用意愿的因素有哪些？（可多选）

A. 参与活动的商家和组织的品牌

B. 优惠力度

C. 领取和使用过程

D. 数量和使用时间的限制

E. 其他（请填写）

2. 请选择您平时更倾向的旅游方式，根据实际情况，在选项下画"√"。

2-1 您的旅游目的地多为：

A. 本市跨区（县）　　　　　　　B. 本省跨市

C. 省外　　　　　　　　　　　　D. 国外

2-2 您旅游外出时长多为：

A. 当天往返　　　B. 2~3 天　　　C. 4~7 天　　　D. 7 天以上

2-3 您旅游主要采用的方式是：

A. 跟团游　　　　B. 半自助游　　　C. 自由行

2-4 您旅游时多与谁同行：

A. 自己　　　　B. 家人　　　　C. 伴侣　　　　D. 朋友

E. 同事　　　　F. 陌生人

2-5 您旅游的目的多为（多选）：

A. 休闲娱乐　　B. 探亲访友　　C. 商务会议　　D. 健康医疗

E. 宗教朝圣　　F. 其他

3. 请选择您平时旅游消费方式，根据实际情况，在选项下画"√"。

3-1 您通常单次人均旅游消费预算是多少：

A. 1000 元以下　　　　　　　B. 1000~5000 元

C. 5001~10000 元　　　　　　D. 10000 元以上

3-2 您计划的旅游消费支出占年收入的大概比例是多少：

A. 10% 以下　　B. 10%~20%　　C. 21%~30%　　D. 30% 以上

3-3 在购物前，您是否会计算使用消费券、抵扣券后的实际花费，确保充分利用优惠？

A. 每次都会　　B. 经常会　　　C. 偶尔会　　　D. 几乎不会

4. 您是否认同下面的叙述？请根据您的真实想法选择最符合的选项画"√"。

题项	非常不同意	比较不同意	无意见	比较同意	非常同意
4-1 我会选择商家品牌知名度较高的旅游消费券					
4-2 我会选择由当地政府公开发放的旅游消费券					
4-3 我会选择通过知名平台获取旅游消费券					

续表

题项	非常不同意	比较不同意	无意见	比较同意	非常同意
4–4 我会选择使用消费场景多的旅游消费券					

5.您是否认同下面的叙述？请根据您的真实想法选择最符合的选项画"√"。

题项	非常不同意	比较不同意	无意见	比较同意	非常同意
5–1 使用旅游消费券后，我愿意调整旅游消费计划					
5–2 旅游消费券的使用促使我有额外的旅游消费支出					
5–3 我会优先考虑购买旅游消费券指定的商品或服务					
5–4 通过旅游消费券，我能以优惠价格享受到同等质量的商品或服务					

6.您是否认同下面的叙述？请根据您的真实想法选择最符合的选项画"√"。

题项	非常不同意	比较不同意	无意见	比较同意	非常同意
6–1 我很在意从注册到成功领取的操作流程的便捷性					
6–2 我很在意旅游消费券领取平台的用户界面设计友好性					

续表

题项	非常不同意	比较不同意	无意见	比较同意	非常同意
6–3 我很在意移动设备领取旅游消费券时的速度与稳定性					
6–4 我很在意旅游消费券的领取通知以及更新信息推送服务的及时性					

7. 您是否认同下面的叙述？请根据您的真实想法选择最符合的选项画 "√"。

题项	非常不同意	比较不同意	无意见	比较同意	非常同意
7–1 我很在意旅游消费券的适用范围和限制条件是否明确					
7–2 我很在意对于不同旅游项目或服务提供商的核销规则是否存在较大差异					
7–3 我很在意旅游消费券在支付环节能否方便快捷地抵扣消费金额					
7–4 若核销失败，我很在意对相关客服或技术支持的响应速度和解决问题的能力					

8.您是否认同下面的叙述？请根据您的真实想法选择最符合的选项画"√"。

题项	非常不同意	比较不同意	无意见	比较同意	非常同意
8-1 我通常在旅途中更愿意选择最经济实惠的产品和服务，即便它们可能不是最好的					
8-2 我认为旅游消费是为了享受，更乐于追求高级定制、独特体验和限量商品					
8-3 当别人使用旅游消费券时，我会好奇并想要尝试					
8-4 我会特意去寻找和收集各类旅游消费券以降低消费成本					

9.您是否认同下面的叙述？请根据您的真实想法选择最符合的选项画"√"。

题项	非常不同意	比较不同意	无意见	比较同意	非常同意
9-1 当知道我的朋友和家人在使用旅游消费券时，我会更倾向于使用					
9-2 我在选择使用旅游消费券时，会参考同事或社交圈内的推荐					
9-3 我会因为政府或媒体倡导而使用旅游消费券					
9-4 我不认为使用旅游消费券符合国家所提倡的节约等社会价值观					

10. 您是否认同下面的叙述？请根据您的真实想法选择最符合的选项画"√"。

题项	非常不同意	比较不同意	无意见	比较同意	非常同意
10-1 我有能力辨别哪些旅游消费券最适合我的旅行需求					
10-2 我对自己能够成功获取并使用旅游消费券非常有信心					
10-3 我总是能有效地结合旅游消费券和其他优惠策略，以最大限度地节省旅行开支					
10-4 即使在消费券的领取和核销过程中需要付出更多时间和精力，我也能够完成					

11. 您是否认同下面的叙述？请根据您的真实想法选择最符合的选项画"√"。

题项	非常不同意	比较不同意	无意见	比较同意	非常同意
11-1 当目的地的硬件条件（如基础设施等）与宣传的一致时，我更愿意使用旅游消费券					
11-2 当目的地的人文环境让我感到安全放心时，我更愿意使用旅游消费券					
11-3 当目的地的交通状况和可达性较好时，我更愿意使用旅游消费券					

续表

题项	非常不同意	比较不同意	无意见	比较同意	非常同意
11-4 当遇到目的地的特色文化活动时，我更愿意使用相关的旅游消费券					

12. 您是否认同下面的叙述？请根据您的真实想法选择最符合的选项画"√"。

题项	非常不同意	比较不同意	无意见	比较同意	非常同意
12-1 若商家的配合度高和专业性强，我会更愿意使用旅游消费券					
12-2 若感受到服务质量并未因使用优惠而下降，我会更愿意使用旅游消费券					
12-3 若旅游消费券不存在隐藏费用或附加条件，我会更愿意使用					
12-4 若旅游消费券的使用简化了预订和支付流程，提高了效率，我会更愿意使用					

13. 您是否认同下面的叙述？请根据您的真实想法选择最符合的选项画"√"。

题项	非常不同意	比较不同意	无意见	比较同意	非常同意
13-1 旅游消费券的存在增加了我对时间成本和旅行细节的关注，无法全身心投入享受旅程					

续表

题项	非常不同意	比较不同意	无意见	比较同意	非常同意
13-2 我认为旅游消费券的使用情境和时效都受限于特定条件，限制了旅游消费的可选择性					
13-3 相比于节省旅游消费支出，我更注重怎么方便怎么来					
13-4 为了使用旅游消费券，接受不太理想的旅行时间段，大大降低了旅游的舒适性					

14. 您是否认同下面的叙述？请根据您的真实想法选择最符合的选项画"√"。

题项	非常不同意	比较不同意	无意见	比较同意	非常同意
14-1 以往使用旅游消费券的经验让我更加关注未来的类似优惠活动					
14-2 我在过去使用旅游消费券的经历中，总是能有效地利用它们节省旅游开支					
14-3 我十分了解使用规则，并总能够正确使用旅游消费券					
14-4 我习惯于在预订旅游服务时首先查看是否有可用的消费券					

15. 您是否认同下面的叙述？请根据您的真实想法选择最符合的选项画 "√"。

题项	非常不同意	比较不同意	无意见	比较同意	非常同意
15-1 我尽量在旅游消费中使用旅游消费券来减轻支出负担					
15-2 我愿意花费时间和精力去寻找和领取旅游消费券					
15-3 为了使用旅游消费券，我愿意为原本计划外的短途旅行作出安排					
15-4 我愿意向亲朋好友推荐使用旅游消费券作为降低旅行成本的方式					

16. 个人资料

16-1 性别：

□男　　　　　　　□女

16-2 年龄：

A. ≤ 18 岁　　　B. 19~30 岁　　　C. 31~45 岁　　　D. 46~60 岁

E. ≥ 61 岁

16-3 您的教育程度：

A. 小学及以下

B. 初中

C. 高中（包括中专、职业高中、技校）

D. 大专

E. 本科

F. 研究生

16-4 您是否为独生子女：

☐ 是　　　　　　☐ 否

16-5 您的家庭结构：

A. 单身　　　　　　　　　B. 已婚，无小孩

C. 已婚且孩子还未成年　　　D. 已婚且孩子已经成年

E. 其他

附录 3

旅游消费券发放信息汇总表 *

序号	省份	城市	名称	总金额	主题	单人可领取金额	领取平台	领取方式	使用方式	使用范围	领取时间	结束时间	持续时间	使用有效期
1	北京	北京	通州文旅消费券	—	阳春乐游	最高减700元	携程旅行、去哪儿	直接领取	折扣（有最高限）	住宿、景区	5月19日	6月30日	43天	2天
2	北京	北京	延庆文旅消费券	100万元	冰雪	不限领取次数	"长城内外·i游延庆"平台	限时抢	减满	住宿、景区	12月23日（2022年）	2月28日	37天	2周内
3	北京	北京	延庆文旅消费券	—	赏花踏青	400元	建行生活	直接领取	满减（满1000减400）	住宿	4月15日	5月7日	23天	10天

*：2022年已在表中特别标注，未标注年份时间为2023年。

续表

序号	省份	城市	名称	总金额	主题	单人可领取金额	领取平台	领取方式	使用方式	使用范围	领取时间	结束时间	持续时间	使用有效期
4	北京	北京	密云文旅消费券	100万元	春日惠游	—	"密云文旅"微信平台	定时参与抽奖	景区：免费；住宿：满减和代金券；餐饮：每家店的活动不同；采摘：门票	住宿、景区、餐饮、采摘	3月29日	4月28日	31天	2个月
5	北京	北京	房山文旅消费券	100万元	悦享冬日	270元	"一键游房山"小程序	限时抢	住宿：满减；景区：直接抵扣	住宿、景区	1月11日	2月28日	49天	平均为14天
6	上海	上海	徐汇文旅消费券	500万元	汇文艺惠生活	175元	云闪付App	限时抢	满减	文娱项目	4月23日	4月25日	3天	10天
7	天津	天津	津乐购文旅消费券	约170万元	春节元宵	最高410元	美团、大众点评	限时抢	满减	住宿、景区、电影、演出	1月1日	2月28日	59天	7天左右

续表

序号	省份	城市	名称	总金额	主题	单人可领取金额	领取平台	领取方式	使用方式	使用范围	领取时间	结束时间	持续时间	使用有效期
8	天津	天津	滨海新区文旅专用消费券	150万元	五一	290元	津海滨app、美团或大众点评App	限时抢	满减	住宿、景区	4月29日	5月14日	16天	7天内
9	重庆	重庆	首轮文旅消费券	—	五一	最高945元	美团、大众点评	限时抢	满减	住宿、文娱、演出	4月27日	5月3日	34天	7天内
10	重庆	重庆	渝中夜间文旅消费券	45万元	夜精彩·潮文旅	最高100元	云闪付App	限时抢	满减	文创街区	3月7日	3月7日	3个小时	10天内
11	重庆	重庆	永川文旅消费券	20万元	中国旅游日	最高275元	美团和大众点评	限时抢	满减	住宿、景区和商场	5月19日	5月25日	7天	—
12	重庆	重庆	九龙坡文旅消费券	100万元	接二连三向新而行	最高100元	建行生活	限时抢	满减	住宿和景区	12月23日（2022年）	1月6日	9天	—

232

续表

序号	省份	城市	名称	总金额	主题	单人可领取金额	领取平台	领取方式	使用方式	使用范围	领取时间	结束时间	持续时间	使用有效期
13	重庆	重庆	九龙坡文旅消费券（第二轮）	100万元	接二连三向新而行	最高300元	建行生活、重庆农商行手机银行、中国工行	限时抢	满减	住宿和文娱	2月10日	—	—	—
14	广东	深圳	深港联游消费券	500万元	深港联游	最高500元	抖音	限时抢	满减	景区和线路产品	4月20日	6月30日	41天	48小时内购买，7天内激活预约
15	广东	深圳	广东文旅消费券	1000万元	惠民补贴	最高200元	云闪付、"广东文化旅游"微信公众号、携程	限时抢	满减	线路、景区和产品	4月26日	4月29日	4天	11天

续表

序号	省份	城市	名称	总金额	主题	单人可领取金额	领取平台	领取方式	使用方式	使用范围	领取时间	结束时间	持续时间	使用有效期
16	广东	深圳	广东文旅消费券（第二轮）	1000万元	惠民补贴（中国旅游日）	最高200元	云闪付、"广东文化旅游"微信公众号、携程	限时抢	满减	线路、景区和产品	5月19日	5月21日	3天	13天
17	广东	深圳	龙岗文体旅游消费券	—	悦龙岗，"购"精彩	最高300元	云闪付App、"深圳龙岗发布"微信公众号	报名摇号	满减	住宿、演出、餐饮、运动健康	3月9日	3月16日	8天	31天
18	广东	深圳	龙岗文体旅游消费券（第二轮）	—	悦龙岗，"购"精彩	最高300元	云闪付App、"深圳龙岗发布"微信公众号	报名摇号	满减	住宿、演出、餐饮、运动健康	4月20日	4月27日	8天	31天

续表

序号	省份	城市	名称	总金额	主题	单人可领取金额	领取平台	领取方式	使用方式	使用范围	领取时间	结束时间	持续时间	使用有效期
19	广东	深圳	光明文体旅消费券（共三轮）	—	都市田园美好生活	最高80元	美团、大众点评	限时抢	满减	餐饮、演出、展览、露营	1月17日	2月5日	每轮7天左右	平均7天左右
20	广东	广州	广州文旅消费券	—	—	100元	云闪付App	限时抢	满减	8个指定商户	3月4日	3月12日	9天	48小时
21	广东	广州	广州文旅消费券	—	—	100元	云闪付App	限时线下打卡抢	满减	4个指定商户	4月7日	4月9日	3天	48小时内
22	广东	广州	南沙区文旅体消费券（第一批）	1000万元	四季有约——春节到南沙	—	"南天荟"小程序	随机抽取	免费门票和景区五折券	2个指定景区	1月16日	2月6日	22天	7天内
23	广东	广州	南沙区文旅体消费券（第二批）	1000万元	四季有约——春节到南沙	—	"南天荟"小程序	随机抽取	免费门票和景区五折券	指定景区	3月18日	5月31日	75天	7天内

续表

序号	省份	城市	名称	总金额	主题	单人可领取金额	领取平台	领取方式	使用方式	使用范围	领取时间	结束时间	持续时间	使用有效期
24	广东	东莞	春节东莞文旅消费券	500万元	福兔呈祥乐购文旅	"乐购东莞"小程序	报名抽奖	满减	指定300多个商户	1月19日	1月28日	10天	—
25	广东	佛山	佛山景区消费券	—	迎新春游佛山	4选2,最高250元	云闪付App	限时抢	满减	市收费A级旅游景区	1月20日	3月31日	71天	3天内
26	广东	佛山	高明欢乐游消费券	130万元	—	最高200元	携程旅行App、去哪儿App	直接领取	折扣(有最高限)	住宿、景区	2月14日	3月14日	29天	3天内
27	广东	珠海	横琴文旅消费券	—	横琴恒情	—	"横琴恒情"小程序、微信支付、银联"云闪付"、美团和携程平台	答题领取	满减	住宿、景区、文娱	1月16日	—	—	7天内

续表

序号	省份	城市	名称	总金额	主题	单人可领取金额	领取平台	领取方式	使用方式	使用范围	领取时间	结束时间	持续时间	使用有效期
28	广东	惠州	惠阳文旅消费券	—	中国旅游日	最高270元	"惠阳文旅体"微信公众号	限时抢	满减	餐饮和文娱的指定商户	5月12日	—	—	20天
29	广西	南宁	南宁文旅消费券	2000万元	老友相约乐游南宁	最高200元	"南宁市民卡惠民服务"小程序、"爱南宁App"	限时抢	满减	住宿、景区、餐饮、文娱	11月4日（2022年）	2月28日	112天	—
30	江苏	南京	浦口文旅消费券	—	活力自然向往浦口	最高50元	美团、大众点评	限时抢	满减	住宿、景区、餐饮	1月14日	1月31日	18天	最长18天
31	江苏	南京	江宁文旅消费券	400万元	万人游江宁	最高200元	云闪付App	限时抢	满减	住宿、景区	4月1日	5月20日	50天	—
32	江苏	苏州	阳澄湖半岛暖冬文旅消费券	30万元	"LUC-KY兔YOU"	最高200元	惠游园区平台、抖音、美团、携程	限时抢	满减	住宿、景区、餐饮	1月15日	—	—	30天

续表

序号	省份	城市	名称	总金额	主题	单人可领取金额	领取平台	领取方式	使用方式	使用范围	领取时间	结束时间	持续时间	使用有效期
33	江苏	苏州	苏州文旅消费券	100万元	夏天苏州旅游季	—	"君到苏州"文化旅游总入口平台	—	—	住宿、景区、餐饮、文娱	—	—	—	—
34	江苏	徐州	徐州文旅消费券（第一批）	—	缤纷文旅共享生活	最高100元	云闪付App、徐州市文广旅局官微	限时抢	满减	住宿、景区、餐饮（40多个指定商户）	4月28日	5月13日	16天	15天内
35	江苏	徐州	徐州文旅消费券（第二批）	—	缤纷文旅共享生活	最高100元	云闪付App、徐州市文广旅局官微	限时抢	满减	住宿、景区、餐饮、文娱（40多个指定商户）	5月18日	6月4日	18天	17天内
36	江苏	扬州	扬州消费券	160万元	冬游扬州食泉"十美"	最高400元	同程旅行App	限时抢	满减	住宿、景区	12月28日（2022年）	2月28日	32天	3天内

续表

序号	省份	城市	名称	总金额	主题	单人可领取金额	领取平台	领取方式	使用方式	使用范围	领取时间	结束时间	持续时间	使用有效期
37	江苏	淮安	淮安春节文旅消费券	1000万元	打卡有福,新春游淮零距离	最高170元	"文旅淮安"平台	限时抢		指定景区免门票	景区	1月1日	2月28日	59天	—
38	江苏	盐城	建湖县文旅消费券	—	乐享建湖新春有礼	最高60元	云闪付App	限时抢	满减	餐饮、文娱	1月21日	2月5日	16天	10天
39	浙江	杭州	临平文旅消费券	—	—	累计最高330元	飞猪App、口碑App	自动匹配	满减	住宿、运动健康、文娱	1月19日	2月28日	41天	—
40	浙江	宁波	新春文旅消费券	1500万元	人潮甬动红火迎春	最高200元	云闪付App	限时抢	满减	餐饮和文娱的指定商户	1月17日	2月5日	20天	—
41	浙江	宁波	宁海县文旅消费券	100万元	2023霞客特惠季	最高400元	携程旅行	限时抢	满减	住宿、景区	5月10日	6月30日	52天	—
42	浙江	宁波	东钱湖文旅消费券（2023年首轮）	—	2023钱湖春来了	最高900元	钱湖假日微商城	报名抽奖	满减	住宿、餐饮	2月14日	2月16日	3天	5天

续表

序号	省份	城市	名称	总金额	主题	单人可领取金额	领取平台	领取方式	使用方式	使用范围	领取时间	结束时间	持续时间	使用有效期
43	浙江	温州	龙湾区迎春文旅消费券（第一轮）	—	温享生活文旅跨年	最高800元	"阅龙湾"新闻公众号或"一订出发"公众号	限时抢	满减	住宿、景区、餐饮（20多个指定商户）	3月21日	3月31日	11天	11天内
44	浙江	温州	龙湾区迎春文旅消费券（第三轮）	—	温享生活文旅跨年	最高800元	"阅龙湾"新闻公众号或"一订出发"公众号	限时抢	满减	住宿、景区、餐饮（20多个指定商户）	2月5日	2月28日	24天	24天内
45	浙江	温州	鹿城区文旅消费券（共三轮）	377.94万元	—	累计最高1950元	"一订出发"微商城	限时抢	满减	住宿、景区、餐饮、文娱（40多个指定商户）	1月19日；2月1日；2月15日	1月31日；2月14日；2月28日	每轮平均15天	15天内

续表

序号	省份	城市	名称	总金额	主题	单人可领取金额	领取平台	领取方式	使用方式	使用范围	领取时间	结束时间	持续时间	使用有效期
46	浙江	温州	鹿城区文旅消费券	140万元	—	累计最高1950元	支付宝"鹿城文旅"小程序	限时抢	满减	住宿、景区、餐饮、文娱（20多个指定商户）	5月1日	5月7日	7天	7天内
47	浙江	温州	泰顺县文旅消费券	—	暑期文旅季	累计128元	"泰顺"微信公众号	限时抢	满减、抵用	区域内所有景区	6月16日	—	—	14天
48	浙江	温州	泰顺县文旅消费券	200万元	中国旅游日	最高100元	"泰顺"微信公众号	限时抢	满减、代金券	住宿、景区、餐饮（20多个指定商户）	5月19日	—	—	7天
49	浙江	温州	平阳文旅消费券	200万元	乐享平阳	累计300元	爱平阳App、支付宝	限时抢	满减	住宿、景区、餐饮（100多个指定商户）	1月17日	—	—	15天

续表

序号	省份	城市	名称	总金额	主题	单人可领取金额	领取平台	领取方式	使用方式	使用范围	领取时间	结束时间	持续时间	使用有效期
50	浙江	温州	平阳文旅消费券（第二期）	100万元	乐享平阳	累计250元	支付宝"平阳文旅"小程序	限时抢	满减	住宿、景区、餐饮（101多个指定商户）	2月3日	—	—	15天
51	浙江	金华	磐安县冬游消费券（第二轮）	—	冬日暖心自在磐安	最高200元	磐安文旅微信小程序	限时抢	满减、抵用、免门票	住宿、景区、餐饮、文娱、运动健康	1月16日	2月6日	22天	22天内
52	浙江	金华	千丈岩冰雪旅游度假惠民消费券（共三轮——第一轮）	5000万元	—	累计1000元	"浙里金消"微信公众号	报名摇号	满减	景区	1月16日	1月25日	10天	—
53	浙江	金华	千丈岩冰雪旅游度假惠民消费券（共三轮——第二轮）	5000万元	—	累计1000元	"浙里金消"微信公众号	报名摇号	满减	景区	1月26日	2月5日	12天	—

续表

序号	省份	城市	名称	总金额	主题	单人可领取金额	领取平台	领取方式	使用方式	使用范围	领取时间	结束时间	持续时间	使用有效期
54	浙江	金华	千丈岩冰雪旅游度假惠民消费券（共三轮——第三轮）	5000万元	—	累计1000元	"浙里金消"微信公众号	报名摇号	满减	景区	2月6日	2月16日	11天	—
55	浙江	金华	婺城区文旅体局惠民券	—	—	最高100元	"婺城文旅"微信公众号	线下领取	满减	住宿、景区、餐饮、文娱（40多个指定商户）	2月20日	2月24日	5天	40天
56	浙江	金华	武义县温泉消费券	8000万元	康养金华泉养武义	累计1000元	"浙里金消"微信公众号	报名摇号	满减	住宿、餐饮、康体	1月19日	—	—	69天
57	浙江	金华	永康市文旅消费券（共六轮）	1800万元	—	累计200元	"浙里金消"微信公众号	报名摇号	满减、数字人民币	住宿、景区、餐饮	2月1日	3月31日	共59天，每轮平均10天	10天内

续表

序号	省份	城市	名称	总金额	主题	单人可领取金额	领取平台	领取方式	使用方式	使用范围	领取时间	结束时间	持续时间	使用有效期
58	浙江	金华	浦江县文旅消费券（多轮滚动）	650万元	—	累计200元	"浙里金消"微信公众号	报名摇号	满减	住宿、景区、餐饮、文娱、运动健康	1月29日	3月31日	3天	10天
59	浙江	金华	义乌文旅消费券	400万元	义游未尽浙里有礼	最高600元	"爱义乌"客户端、携程App	限时抢	折扣（有最高限）、满减	住宿、景区和线路	2月11日	3月31日	49天	49天内
60	浙江	金华	东阳文旅消费券	210万元	—	累计350	"浙里金消"微信公众号	报名摇号	满减	住宿、餐饮	2月13日	3月31日	47天	7天
61	浙江	金华	武义文旅局惠民券	—	—	最高150	携程旅行	限时抢	折扣（有最高限）、满减	住宿、景区、餐饮	2月14日	3月31日	46天	—
62	浙江	嘉兴	嘉兴市文旅消费券（多轮）	1800万元	—	最高300元	携程、美团	限时抢	满减	住宿、景区、餐饮	3月11日	5月31日	—	—

续表

序号	省份	城市	名称	总金额	主题	单人可领取金额	领取平台	领取方式	使用方式	使用范围	领取时间	结束时间	持续时间	使用有效期
63	浙江	嘉兴	嘉善县旅游专项消费券	600万元	—	累计最高250元	支付宝	限时抢	满减、免门票	住宿、景区、餐饮、采摘	1月18日、1月19日和2月3日	2月17日	14天	15天内
64	浙江	台州	温岭市旅游民俗消费券	100万元	—	累计最高650元	掌上温岭App	限时抢	满减	住宿、景区、文娱	6月9日	6月11日	3天	20天内
65	浙江	台州	路桥区十里长街文旅消费券	300万元	—	累计50元	新城府App、浙里办App、微信	限时抢	满减	住宿、景区、餐饮、文娱	8月25日	8月27日	3天	7天内
66	浙江	台州	椒江区文旅消费券	50万元	—	累计200元	"浙里办"App	限时抢	满减	住宿、景区、餐饮	4月23日	4月25日	3天	9天内
67	浙江	台州	"百县千碗"文旅消费券	500万元	"百县千碗"文旅促消费	累计200元	"台州文旅"微信公众号	限时抢	满减	餐饮	1月21日	1月22日	2天	—

续表

序号	省份	城市	名称	总金额	主题	单人可领取金额	领取平台	领取方式	使用方式	使用范围	领取时间	结束时间	持续时间	使用有效期
68	浙江	绍兴	"文旅一体共享"消费券（第一轮，共三轮）	5000万元	—	最高300元	美团	限时抢	满减	住宿、景区、餐饮、文娱	1月20日	2月20日	32天	40天内
69	浙江	湖州	安吉文旅景区消费券	20个亿	风从长安来·春至安吉游	最高3000元	飞猪App、携程App	限时抢	满减、抽奖	住宿、景区、餐饮	2月28日	3月30日	31天	31天内
70	浙江	湖州	南太湖新区燃夏文旅消费券	—	—	最高500元	南太湖号App	限时抢	满减	住宿、景区、餐饮、文娱（50多个指定商户）	6月19日	6月21日	3天	40天内
71	浙江	丽水	云和文旅消费券	66万元	童话云和·嗨玩五月	最高3000元	建行生活App	限时抢	满减	住宿、景区	4月21日	4月25日	5天	41天内

续表

序号	省份	城市	名称	总金额	主题	单人可领取金额	领取平台	领取方式	使用方式	使用范围	领取时间	结束时间	持续时间	使用有效期
72	浙江	丽水	遂昌文旅消费券	—	"兔"遂昌"营"在春天	最高600元	云闪付App	限时抢	满减	住宿、景区	4月4日	4月8日	5天	42天内
73	浙江	丽水	景宁文旅消费券	—	"景"上添金,同"宁"消费	最高60元	建行生活App	限时抢	满减	住宿、餐饮	6月23日	7月6日	每轮7天左右	—
74	浙江	丽水	景宁畲族自治县旅居消费券	90万元	"浙里有福"	累计1000元	"浙江福彩"微信公众号	定时参与抽奖	满减	住宿、餐饮	10月18日	10月22日	5天	32天内
75	浙江	丽水	景宁文旅专项消费券	—	POPO崽带你游景宁	累计80元	"一机游丽水"App	限时抢	代金券	住宿、餐饮	6月25日	9月25日	—	90天内
76	浙江	衢州	"Hello衢州"文旅消费券(第一波)	300万元(共千万元)	—	累计100元	"支付宝"App	限时抢	减满(零门槛)	住宿、景区、餐饮、文娱	9月16日	9月24日	9天	—

续表

序号	省份	城市	名称	总金额	主题	单人可领取金额	领取平台	领取方式	使用方式	使用范围	领取时间	结束时间	持续时间	使用有效期
77	浙江	衢州	柯城文旅新春消费券	—	—	累计最高90元	"柯城文旅体之声"公众号	限时抢	满减	住宿、景区、餐饮	1月21日	2月5日	16天	70天内
78	浙江	舟山	舟山文旅体消费券	150万元	"舟游列岛"	累计最高495元	"舟游列岛"微信小程序	限时抢	满减	住宿、景区、餐饮、文娱	2月11日	2月28日	18天	30天内
79	浙江	舟山	岱山县文旅消费券	20万元	—	累计最高240元	"看岱山"App	限时抢	满减	住宿、餐饮（40多个指定商家）	1月20日	2月10日	22天	10天内
80	浙江	瑞安	瑞安文旅消费券	300万元	—	累计最高500元	"瑞安新闻"App	限时抢	满减	住宿、景区、餐饮、文娱	1月18日	2月17日	31天	10天内
81	浙江	义乌	义乌文旅消费券	首期400万（总计2600万元）	"义游"未尽浙里有礼	最高600元	携程、爱义乌App	限时抢	折扣（有最高限）、满减	住宿、景区、餐饮	2月11日	3月31日	50天内	50天内

续表

序号	省份	城市	名称	总金额	主题	单人可领取金额	领取平台	领取方式	使用方式	使用范围	领取时间	结束时间	持续时间	使用有效期
82	河北	石家庄	石家庄文化惠民券	20万元	—	累计最高30元	演多多App和演多多小程序	限时抢	无门槛，直接抵扣	景区、文娱	2月13日	—	—	本年内
83	河北	邯郸	冰雪文化和旅游消费券	280万元	"京畿福地"过大年冰雪狂欢一折（起）惠	最高100元	建行生活、乐游冀微信小程序	限时抢	折扣（有最高限）	景区、文娱	1月14日	1月20日	7天	16天内

致　谢

——————◆——————

　　本书稿作为我 2022—2024 年博士后研究工作的结晶与出站报告，其最终得以顺利完成并呈现于此，承载了太多人的支持和鼓励。

　　在此，最崇高的敬意献给我的合作导师宋子千研究员。从研究选题的确定、框架的设计、内容的完善，直至最终定稿，宋老师全程给予了细致入微的指导。最深沉的感激献给我的父母和丈夫。在博士后这段特殊的时光里，他们的真切关怀、鼎力支持与不断鼓励，是我能够安心投入学习工作的坚实后盾。最由衷的谢意送给博士后期间共同奋斗的伙伴们朱昊赟、李慧芸、曹洋、崔昕、李静、李龙等。学术之路虽需独自探索，但同侪间的思想碰撞与互助扶持尤为珍贵。感谢他们在书稿撰写过程中提供的帮助以及提出的宝贵修改建议。

　　谨以此稿向所有关心、支持、帮助过我的人致以最衷心的感谢！这份成果凝聚着大家的智慧与关爱，我将永远铭记于心。

项目策划：王　丛
责任编辑：路雅璇
责任印制：钱　宬
封面设计：谭雄军

图书在版编目（ＣＩＰ）数据

旅游消费券的政策实施效果及其影响机制研究 ： 基
于消费者视角 / 张秋实著 ． -- 北京 ： 中国旅游出版社，
2025．8． --（中国旅游研究院博士后文库）． -- ISBN
978-7-5032-7595-1

Ⅰ ．F592.6

中国国家版本馆 CIP 数据核字第 20254JJ413 号

书　　名：旅游消费券的政策实施效果及其影响机制研究
　　　　　——基于消费者视角

作　　者：张秋实　著
出版发行：中国旅游出版社
　　　　　（北京静安东里6号　邮编：100028）
　　　　　https://www.cttp.net.cn　E-mail:cttp@mct.gov.cn
　　　　　营销中心电话：010-57377103，010-57377106
　　　　　读者服务部电话：010-57377107
排　　版：北京旅教文化传播有限公司
经　　销：全国各地新华书店
印　　刷：三河市灵山芝兰印刷有限公司
版　　次：2025年8月第1版　2025年8月第1次印刷
开　　本：787毫米×1092毫米　1/16
印　　张：16.5
字　　数：201千
定　　价：48.00元
ＩＳＢＮ　 978-7-5032-7595-1